새로운 세상을 여는 공동체 육아 인문학

젊은 부모를 위한
백만 년의
육아 슬기

아빠가 찾고 불러준
아기 어르는 소리와 자장가

새로운 세상을 여는 공동체 육아 인문학

젊은 부모를 위한
백만 년의
육아 슬기
아빠가 찾고 불러준
아기 어르는 소리와 자장가

초판 1쇄 인쇄 2016년 2월 5일
초판 1쇄 발행 2016년 2월 12일

지은이 문재현
펴낸이 김승희
펴낸곳 도서출판 살림터

기획 정광일
편집 조현주
북디자인 꼬리별

인쇄·제본 (주)현문
종이 월드페이퍼(주)

주소 서울시 영등포구 양평로21가길 19 선유도 우림라이온스밸리 1차 B동 512호
전화 02-3141-6553
팩스 02-3141-6555
출판등록 2008년 3월 18일 제313-1990-12호
이메일 gwang80@hanmail.net
블로그 http://blog.naver.com/dkffk1020

ISBN 979-11-5930-007-3 13590

*가격은 뒤표지에 있습니다.
*잘못된 책은 바꾸어 드립니다.
*이 책은 저작권법에 따라 보호를 받는 저작물이므로 무단 전재와 복제를 금합니다.

새로운 세상을 여는 공동체 육아 인문학

젊은 부모를 위한
백만 년의
육아 슬기

아빠가 찾고 불러준
아기 어르는 소리와 자장가

문재현 지음

살림터

여는 글
자람과 보살핌의 힘으로 피어난 삶꽃

어렸을 때 우리 집안엔 양반 문화 기풍이 많이 남아 있었다. 아버지는 한문책을 손에서 떼지 않으셨다. 어머니도 우암 송시열의 후손으로 가부장적인 양반 문화가 몸에 배어 있는 분이라서 큰아들인 나를 끔찍이 아끼셨다. 지금이라면 나 스스로 용납할 수 없는 지나친 편애였다. 밥을 먹을 때 아버지와 나는 밥상에서 먹었고 다른 가족들은 상 아래에서 함께 밥을 비벼 먹었다. 밥을 풀 때도 아버지와 내 밥에는 쌀밥을 많이 섞었고 어머니와 형제자매의 밥그릇에는 꽁보리밥을 담았다. 장에 가서 사과를 사 오시면 나에게는 하나를, 다른 형제들은 반쪽씩 나눠주셨다. 동생들이 따졌지만 다른 일에 있어서는 자애롭던 어머니가 나와 관련된 문제에 있어서는 조금의 양보도 없었다. 어머니가 "장남은 집안의 대주여. 아버지 대신이여."라고 선언하면 더 이상 이야기해봤자 소용이 없다는 것을 알았기에 입을 다물었다. 집안 분위기가 이랬으니 나는 어렸을 때부터 다른 사람을 보살피는 경험을 제대로 해보지 못했다. 아무런 전제도 없이 다른 사람에게 몸과 마음을 열어본 경험은 어렸을 때 친구들과 놀았던 경험밖에 떠오르지 않는다. 아내와 결혼을 한 뒤 집안일은 나누어 하고 모든 일을 상의하려고 했지만 관계를 근본적으로 바꿀 수는 없었다. 다른 가족들이 나를 대하는 태도는 바뀌지 않았고 무엇보다 아내는 혼자였기 때문이다.

내가 바뀌기 시작한 것은 아기를 기르면서부터였다. 아기를 기르면서 보살핌이 무엇인지 비로소 알게 되었다. 아기는 이전의 내 경험으로는 이해하기 어려운 미지의 존재였지만 지속적인 관심을 가지고 아기의 표정과 몸짓들을 살피자 배고파 우는 소리와 안아달라고 보채는 소리, 힘들어서 우는 소리의 차이를 알아차릴 수 있었다. 얼굴을 찡그릴 때도 기저귀를 갈아달라는 것인지, 속이 거북해서 그러는 것인지 직감적으로 알 수 있었다. 그 과정을 통해 나는 아기를 기르는 것은 일방적인 보살핌이 아니라 서로 몸과 마음을 열어서 교류하는 과정이라는 깨달음을 얻었다.

아기 어르는 소리와 자장가는 아기를 기르는 것이 고통보다는 즐거움이라는 것을 가르쳐준 마르지 않는 샘이자 나침반이며 지도였다. 수천, 수만 년간 아이들을 보살펴온 여성들의 슬기와 사랑으로 크고 두터워진 이 위대한 육아 문화는 나와 아이들을 우리 겨레의 문화 심리와 이어준 아름다운 무지개다리였다. 온 가족이 함께 놀이하면서 '한'이 아니라 '신명'이야말로 우리 겨레가 가진 문화 심리의 원형이라는 것도 알 수 있었다.

> 노래 만든 사람 시름도 많기도 많구나
> 일러 다 못 일러 불러나 풀었단 말인가
> 진실로 풀릴 것이면 나도 불러보리라

그동안 나는 상촌 신흠이 지은 이 시조가 우리 겨레의 문화 심리를 가장 잘 드러내주는 노래라고 믿어왔다. '일러 다 못 일러'라고 했는데 '일러'는 '말한다'는 뜻이다. 말하고 또 말해도 풀리지 않는 한은 노래를 불러서 풀어야 한다는 것이니 함께 모여서 노래하기를 좋아하는 우리 겨레의 마음을 이보다 더 잘 표현하는 시조는 없다고 생각했던 것이다. 요즘도 회식 자리로는 부족해서 노래방까지 가야만 직성이 풀리는 사람들이 많지 않은가.

그런데 아이를 기르는 과정에서 이 시조가 우리 겨레의 문화 심리를 제대로 잡아내지 못한다는 생각을 하게 되었다. 갓난아기들은 이르는 것으로 소통할 수 없었다. 노래로도 부족했고, 반드시 같은 몸짓으로 반응해야만 마음자리가 같아졌다. 아이를 둘러싸고 모두가 몸과 마음을 열고 하나가 되는 아기 어르는 소리는 한 아이가 신명의 문화로 들어서는 문이었고 문화의 속살을 자기 것으로 만드는 과정이었다.

아기랑 눈을 맞추며 놀 수 있게 되면서 눈에 들어온 것이 아기의 몸짓과 표정이 지닌 뜻과 속살이었다. '손발의 생김새가 어떻게 바뀌어왔는지', '왜 모든 아이들은 몸이 자랄 때 비슷한 과정을 거쳐서 발달하는지', '한 사회가 공유하는 육아 방법은 어떤 뜻과 속살을 가진 것인지'와 같은 물음들이 내 마음속에서 끊임없이 솟아났다. 그래서 생각한 것이 아이를 기르면서 그 과정을 공부의 기회로 삼아 궁금증을 풀어보자는 것이었다. 그래서 사람이 어떻게 진화했는지에 대한 공부도 했다. 그 과정에서 아기 어르는 소리에 담긴 과학적인 근거도 발견할 수 있었다. 더 나아가 현대 과학으로는 아기 어르는 소리에 담긴 뜻과 속살을 제대로 밝혀내거나 풀이할 수 없다는 것도 알았다.

부모가 되자마자 우리 부부는 발달 단계에 맞는 상품을 소비해야 우리 아이가 시대에 뒤떨어지지 않는다고 협박하는 광고, 유아책, 교구 판매상들에게 시달렸다. 우리가 만난 것은 참된 도움과 지지망이 아니라 교육과 과학이라는 이름으로 부모의 불안과 두려움, 죄책감을 자극하는 기업들의 포위망이었다. 자본주의는 육아와 놀이를 이윤 추구의 중심 무대로 삼고 있었다. 아이들의 놀이 본능을 자극하는 교구 산업, 장난감, 놀이 공원, 키즈 카페 등 상업적인 놀이 문화의 경제적 기초를 알게 되면서 아기들이 인간답게 자랄 수 있는 삶의 조건을 파괴하는 자본의 힘에 맞서지 않고는 좋은 부모가 될 수 없다는 것을 뼈저리게 느꼈다.

이 책에 실린 아기 어르는 소리와 자장가는 수천, 수만 년의 역사를 통해서 만들어져온 위대한 문화유산이다. 나는 이 위대한 문화유산을 내 어렸을 때의 경험과 어머니의 자장가, 우리 마을과 다른 지역의 많은 할머니, 할아버지들에게 배우면서 내 몸과 마음에 담았다. 그래서 이 책에 담긴 소리들은 겨레의 문화이면서 우리 가족의 마음과 삶이 반영된 우리 가족문화유산이기도 하다.

이 책에 실린 아기 어르는 소리와 자장가를 그대로 자기 아이한테 들려주려는 부모가 있다면 말리고 싶다. 이 책을 참고로 집안과 마을 어른들에게 묻고 배워서 가족의 문화유산을 살리는 것이 바람직하다고 생각하기 때문이다. 이 책에 실린 글이 집집마다 마을마다 그러한 문화 전승의 계기가 될 수 있기를 바란다.

아기 어르는 소리와 자장가를 살리려고 할 때 아버지의 역할이 중요하다. 내가 아기 어르는 소리를 되살릴 수 있었던 것은 아내와 함께 아이를 길렀기에 가능한 일이었다. 육아에 관심이 없었거나 혼자서 육아를 전담했더라면 놀이를 되살릴 수 있는 여유를 가지지 못했을 것이다. 아이랑 놀이를 하는 것은 즐거운 일이었지만 육아에 지쳤을 때는 힘든 노동이기도 했기 때문이다. 그렇게 힘들 때마다 옛날 마을에서처럼 모든 사람들이 아이들을 데리고 놀 수 있는 환경이었더라면 얼마나 좋았을까 하는 생각이 굴뚝같았다. 그렇게 공동체가 엄마와 아기를 지원하는 환경을 만들려면 마을 문화 만들기, 가족 문화 바꾸기가 필요하다. 가족 문화를 바꾸는 데 있어서 가장 중요한 것이 육아와 집안일을 평등하게 나누는 것이다. 아버지가 일을 함께 하지 않는다면 남자아이들이 집안일을 배우고 갓난아기와 관계 맺는 법을 배울 수가 없을 것이다. 나와 우리 가족이 합의한 원칙은 집안일과 아기를 기르는 일은 엄마의 일이 아니라 가족 모두의 일이라는 것이다.

 아기 어르는 소리 되살리기를 가족에게만 맡겨서도 안 될 일이다. 예비 부모나 아기를 가진 부모들을 지원하는 것이 마을과 지역 사회의 중심 사업이 되어야 한다. 놀이 공간도 마련하고 아기 어르는 소리를 예비 부모들과 아기를 기르는 부모, 조부모들이 배울 수 있도록 프로그램도 지원해야 한다. 독일은 2009년에 전 사회가 참여하는 '자장가 프로젝트'를 진행하였다. 출판사에서는 자장가가 담긴 노래책, CD, 피아노 악보를 아주 싼 가격에 팔았고, 방송국에서는 일 년 동안 매일 저녁 여섯 시에 자장가를 틀어주었다. 많은 가수들이 부른 자장가를 인터넷에서 무료로 내려받을 수 있었다. 우리 사회에서도 이러한 시도를 할 수 있지 않을까? 첫해는 자장가, 둘째 해는 아기 어르는 소리를 그렇게 전 사회에 보급하고 함께 부르는 시간을 만들어보면 어떨까? 독일처럼 가수들이 부르는 것이 아니라 할머니와 할아버지, 엄마, 아빠들이 불러주는 자장가와 그 이야기를 책으로, CD로, 방송으로 내보내는 것도 좋을 것이다. 학교에서는 초등학교에서부터 대학교까지 동생들과 함께 할 수 있는 놀이를 정규 과목에서 가르치고, 이를 수업이 아니라 실제 체험을 통해서 배울 수 있도록 지원해야 한다.

아직도 많은 사람들이 자장가를 불러주고, 아기 어르는 소리 역시 많은 사람들의 기억 속에 남아 있다. 따라서 우리가 마음만 먹는다면 이러한 문화를 되살려내는 것은 어려운 일이 아니다. 아기 어르는 소리와 자장가에 대한 강의를 할 때마다 부모들이 보여주는 진지하고 뜨거운 반응은 아기 어르는 소리와 자장가 되살리기 운동이 범국민운동으로 들불처럼 퍼질 것임을 예감하게 한다.

나는 이 책을 세 가지 의도를 가지고 썼다. 먼저 우리 집 문화유산을 글로 정리해서 두 아들에게 남기는 것이 첫 번째 과녁(목표)이었다. 이 책이 손자 손녀를 낳았을 때 우리 부부와 아들, 며느리를 잇는 끈이 될 것이라고 믿는다. 둘째 예비 부모, 아기를 기르는 부모들을 위한 육아 지침서로 썼다. 발달 단계에 맞는 놀이 방법과 그 놀이에 담긴 뜻과 속살을 깊게 다룬 것은 아기와 즐거운 관계를 맺고자 하는 부모들에게 도움이 될 것이라고 믿는다. 마지막으로 아기 기르는 일이야말로 최고의 실천 인문학, 학문 융합의 중심 영역이라는 것을 밝히기 위해 썼다. 요즘 학문 융합, 통섭이란 말이 학계에서 유행하고 있는데 진정한 학문 융합은 학문 간의 교류에 그치는 것이 아니라 우리 일상 삶을 바탕으로 사회적 삶을 소통시키는 것이어야 한다. 아기 기르는 일은 인류 백만 년의 슬기를 담고 있는 데다가 사람의 삶이 지속되는 한 영원한 주제이므로 학문과 삶을 잇는 중심 고리가 되기 때문이다.

학문적 내용도 담았기에 어떤 사람들에게는 어렵게 느껴질 수도 있을 것이다. 아기를 기르거나 길렀던 사람들은 걱정이 되지 않는다. 그들에게 아기의 발달에 대한 호기심과 알려는 요구는 당면한 생활 문제이기 때문이다. 그래도 혹시 읽어가다가 어려운 부분이 있으면 그냥 넘겨도 된다. 뜻과 속살을 몰라도 아이와 즐겁게 노래와 놀이를 하는 것으로 전통 육아의 고갱이를 담을 수 있기 때문이다. 자기 아이의 발달 단계를 살펴보고 그 시기에 맞는 글들을 찾아 읽는 것도 한 방법이다.

이 책을 갓난아기를 기르는 부모, 예비 부모, 손자를 기르는 할머니, 할아버지, 유아교육 전공자들과 인문학자들에게 권한다.

책을 쓰는 동안 타자를 쳐주고, 여러 가지 의견을 내준 연구원들에게 고마움을 드린다. 이 책의 속살을 함께 만들어왔고 앞으로도 삶의 이야기를 같이 만들어갈 아내와 두 아들 한뫼, 솔뫼에게는 고마운 마음을 어떻게 표현할지 모르겠다. 마지막으로 이 책을 펴내는 데 도움을 주신 살림터 정광일 대표, 그림을 예쁘게 그려 주신 허정남 선생과 김미자 선생에게 고마운 인사를 드린다.

2016년 2월 수곡재에서
문재현

차례

여는 글 • 자람과 보살핌의 힘으로 피어난 삶꽃 …… 4

1부 세계적인 문화유산 아기 어르는 소리

아기 어르는 소리를 찾아서 …… 17
단군이 만들었을까?-단동십훈 현상 짚어보기 …… 23
둥기둥기 둥기야-영원한 사랑 노래 …… 32
쭈까쭈까 쭉쭉-무럭무럭 자라라 …… 38
짱짱짱-두 발에 힘을 주며 …… 44
엄마 손이 약손이다 …… 51
까꿍-네 마음이 곧 내 마음 …… 57
들강달강-아름다움의 속살이 담긴 놀이 …… 62
도리도리-눈 맞춤의 힘 …… 69
짝짜꿍짝짜꿍-마음을 주고받으면서 …… 75
잼잼잼잼-쥐기, 그 엄청난 도약 …… 80
곤지곤지-손끝에 닿는 모든 감각 …… 86
물리물리물리물리-돌리고 또 돌려라 …… 92
불무불무 불무야-생명의 풀무질 …… 99
야야 잘도 긴다-기는 아기 부추기기 …… 104
따로따로따로-애착, 사람이 설 수 있는 힘 …… 111
질라래비 훨훨-온몸으로 걸음마를 준비하다 …… 116
섬마섬마-땅을 딛고 당당하게 서다 …… 122
걸음마 걸음마-세상으로 나가는 힘찬 발걸음 …… 127

즐거운 똥오줌 가리기-꼬부랑 할머니, 단지 팔기 …… 133
무서움을 재미로-징가징가, 솔개미 떴다 …… 138
삶이 곧 놀이다-그 밖의 놀이들 …… 144

2부 아빠의 자장가

갓난아기에게 아침 햇살을! …… 155
자장가는 힘이 세다 …… 161
왜 우리 자장가를 부를까? …… 164
손 타면 안 돼 …… 170
꽃 자장가 …… 174
엄마, 흔들어주세요! …… 178
다문화 사회와 자장가 …… 183
자장가의 음악적 비밀 …… 187
자장가, 아름다운 대화 …… 192
자장, 그 낱말이 지닌 힘 …… 196
소쩍새 자장가 …… 202
물소리 자장가 …… 208
빨간 단풍 노란 단풍 그 속에서 한뫼 자네 …… 213
눈 자장가 …… 217
동해바다 파도치듯 서해바다 조수 일 듯 …… 221
가치와 기대를 전하는 자장가 …… 227

아기 어르는 소리 목록 …… 231
자장가 목록 …… 238

1부
세계적인 문화유산
아기 어르는 소리

아기 어르는 소리를 찾아서

아내가 임신한 것을 처음 알았을 때는 흥분과 기대, 설렘만 있었지만 아내와 아이를 어떻게 길러야 하나 이야기하면서 점점 두려움과 불안이 커졌다. 우리가 태교와 출산에 대해서 아는 것이 거의 없다는 것을 알았기 때문이다. 더구나 아내와 나의 경험이 너무 달랐다. 아내는 도시에서만 살아서 마을이 함께 아이를 기르는 문화를 경험하지 못했던 것이다.

내 어릴 때는 마을이 아이를 길렀다. 아이 주변에는 항상 친척이나 이웃들이 있었다. 어른들뿐만 아니라 많은 언니, 형들의 관심을 받았고 그러한 관심과 기대 속에서 아이의 몸과 마음은 건강하게 자랄 수 있었다. 아이는 단지 가족의 한 사람으로 태어나는 것이 아니라 마을의 구성원으로 태어났기 때문에 아이를 기르는 것은 엄마만의 일이 아니고 할머니를 포함한 가족과 마을 전체가 참여하였다. 할머니, 할아버지, 어머니, 아버지, 언니, 형들이 맺는 다양한 인간관계는 아이가 세상에 참여하고 환대받을 수 있는 밑바탕이었다.

육아에 대한 지식도 밖에서 얻을 필요가 없었다. 마을의 할머니들은 적어도 대여섯 명의 아이들을 기르고 수십 명의 아이들이 자라는 것을 지켜본 육아의 달인들이었기 때문이다. 할머니들은 경험이 부족한 엄마들의 든든한 상담자이기도 했다. 손주들의 똥 가리기와 옷 입기, 밥 먹기 등 생활 습관을 잡아주는 역할도 기꺼이 맡았고, 틈틈이 노래, 놀이, 이야기도 들려주었다. 둘러앉은 할머니들의 무릎 사이에서 만들어지는 육아 동아리는 갓난아기들이 행복하게 자랄 수 있는 튼튼한 울타리가 되었다.

고모와 큰어머니, 작은어머니, 형과 언니들도 아이들을 데리고 놀았다. 그렇게 어릴 때부터 동생을 업어주고 데리고 놀게 되면 육아 방법은 자연스럽게 터득되기 마련이다. 어렸을 때부터 육아에 참여한 언니와 형이 자라서 엄마, 아빠가 되는 것이기 때문에 이제 막 아기를 갖게 된 젊은 부부도 잉태와 출산, 육아를 두려워하지 않았다. 아이가 마을공동체에서 받는 것은 입고 먹는 것만이 아니라 정서적인 공감과 사회적 정체성을 포함한 모든 것이었다.

우리가 그러한 마을의 지원을 받을 수 있을까? 아무리 생각해보아도 현재의 조건에서는 가능한 일이 아니었다. 마을에 할머니들이 있기는 했지만 70~80대가 대부분이었고, 어머니가 혈관성 치매를 앓고 있어 마을 어른들과 어울리기도 어려웠다. 할머니가 아기를 데리고 나가서 또래 할머니들하고 만들어가는 따뜻하고 공감적인 육아 동아리가 없다는 것은 생각할수록 안타까운 일이었다. 아내가 또래 엄마들과 마을에서 만들 수 있는 육아 지원망도 기대하기 어려웠다. 옛날에는 젊은 엄마들이 함께 밭일을 하거나 우물에서 빨래를 하면서 정보도 나누고 심리적인 지원도 할 수 있었다. 그런데 우리 마을은 20~30대 젊은 엄마가 세 명밖에 없었고 각자 다른 직장을 다니고 있어서 유대관계를 맺기도 어려웠다. 마을이 가진 거대한 문화 바탕이 무너진 상태에서 우리 둘의 노력만으로 따뜻한 육아 동아리를 만들어야 한다고 생각하니 마음이 무거웠다.

그래서 우리는 많은 이야기를 했다. 나보다는 아내가 힘들 것이기에 아내가 느끼는 불안함과 어려움에 대해서 먼저 들어보았다. 아내는 몸이 힘든 상태에서 집안일을 할 때 생기는 육체적 부담, 지원망이 없는 상태에서 혼자 잉태하고 출산하는 과정이 가져올 사회 심리적 두려움, 아기를 낳은 다음에는 어떻게 길러야 할지 등 양육 및 교육에 대한 여러 가지 부담을 이야기했다. 아내의 무거운 짐을 나누기 위해 그동안 반씩 부담하던 집안일을 내가 좀 더 하기로 했다. 심리적인 부담은 지속적인 위로와 공감이 필요한 영역이라서 함께 노력할 수밖에 없었다.

아기랑 소통하고 공감할 수 있는 힘을 기르는 문제에 대해서는 여러 가지로 생각해보았지만 막막하기만 했다. 그래서 우리는 다양한 상호작용 상황, 곧 아기가 잠잘 때, 마주 보고 놀 때, 다른 아기랑 놀 때, 놀잇감을 가지고 놀 때, 옹알이할 때, 우유를 먹일 때 어떻게 할 것인가 고민했다. 아기의 다양한 놀이 자원인 몸짓과 표정, 말, 놀잇감을 가지고 노는 방법에 대해서도 이리저리 자료를 찾아보았지만 마음에 드는 것이 없었다. 우리 문화를 바탕으로 한 육아 이론과 놀이에 대한 안내는 찾을 수 없었다. 서양의 육아 이론을 바탕으로 한 육아법과 놀이를 소개한 책은 있었지만 내 육아철학과 너무 달라 별 도움이 되지 않았다.

그러다가 임신 5개월쯤 되어 아내에게 아기가 뱃속에서 논다는 말을 듣고 구체적인 방법을 찾기 시작했다. 우리가 생각한 것은 우리 전통에서 자원을 찾자는 것이었다. 예로부터 많은 부모들이 우리와 같은 고민을 했을 것이고 전통 육아법에는 그러한 문제를 함께 해결해온 슬기가 담겨 있을 것이라고 생각했기 때문이었다. 그렇게 생각하니 나보다 여덟 살 아래인 막내 동생이 어렸을 때 '도리도리', '짝짜꿍'을 하면 온 가족이 모여서 손뼉 쳤던 장면이 떠올랐다. 그런데 내가 그 놀이판을 만든 것이 아니었기에 어떻게 시작하고 어떻게 이끌어야 할지 감이 잡히지 않았다.

그래서 아이들 놀이와 관련된 모든 것을 배우기 위해 할머니, 할아버지들을 찾아다녔다. 우리 마을 할머니, 할아버지뿐만 아니라 미원, 음성, 충주까지도 찾아갔고 MBC 민요대전 '우리의 소리를 찾아서'에서 전국 할머니, 할아버지들이 부르는 소리도 들어보았다. 배울 때는 노랫말과 장단뿐만 아니라 표정, 호흡, 분위기 연출 능력을 그대로 흉내 냈다. 이렇게 배운 내용을 두 아이랑 함께 했고, 우리 집뿐만 아니라 내가 소장으로 있는 연구소 연구원의 아이들하고도 함께 했다. 아이들은 건강하고 창조적인 모습으로 자라났다. 노래와 놀이, 수수께끼를 자연스럽게 할 수 있을 뿐만 아니라 상황에 따라 창조적으로 표현하는 즉흥성을 보여주었다. 큰아들은 어렸을 때 토요일, 일요일에는 집 가까이에 있는 풀밭에서 살다시피 했다. 그때 발견하는 식물과 나비, 벌, 지렁이들은 모두 이야기와 노래로 표현되었다.

아이들보다 더 많이 바뀐 사람은 나였다. 어렸을 때 음치라고 불렸던 나는 아기 어르는 소리를 통해 많은 사람들이 인정하는 이야기꾼, 소리꾼이 되었다.

그리고 많은 사람들을 만났다. 공동 육아 어린이집, 한국보육교사회, 초등학교와 유치원 선생님들, 아리수와 같은 전문 문화패, 놀이연구자 편해문, 많은 대학교수들이 나를 찾아왔다. 국립국악원에서도 교사들을 위한 놀이와 노래 연수를 요청했다. 특히 공동 육아 어린이집 교육과정은 노래와 놀이, 세시풍속, 나들이를 바탕으로 하는데 우리 아이들을 기르면서 되살린 전통 육아의 내용을 반영한 것이다. 방송국 PD들과 함께 아기 어르는 소리와 전래놀이에 관한 다큐멘터리 프로그램 '질라래비 훨훨(KBS)'과 '어깨동무 씨동무(KBS)'도 만들었다. 2003년 5월 5일에는 우리 전래놀이를 중심으로 한 KBS 어린이날 특집 프로그램의 공동 진행을 맡기도 했다.

많은 사람들이 우리 부부가 놀이로 아이를 기르는 것을 보면서 정서 사회성 발달에는 좋겠지만 인지 발달에는 문제가 있지 않겠느냐는 걱정을 했다. 그런 걱정은 놀이가 사회·정서·인지 발달의 기초가 된다는 것을 모르기 때문일 것이다. 옛날부터 소리꾼, 이야기꾼은 총기가 좋다는 소리를 들었다. 운율 구조와 이야기 구조는 집단의 기억을 전승하는 방법으로 태어났으니 당연한 것이다. 놀이는 자신이 속해 있는 인간관계에 뿌리내리고 즐겁게 참여함으로써 한 인간이 성장하는 가장 좋은 길이다. 또한 자신을 절대적으로 환대하는 동아리 속에서 아이들이 다양한 능력을 꽃피울 수 있는 문화적 기반이다. 아기 어르는 소리는 곧 사랑이었다.

단군이 만들었을까?
- 단동십훈 현상 짚어보기

요즘 아이들은 우리 어렸을 때와 달리 장난감이나 인형을 가지고 논다. 이러한 놀이는 소유욕과 지배욕을 만들어낼 뿐 좋은 관계를 만들 수 없다. 아이들이 친구랑 놀 때 장난감을 지배하고 소유하는 것처럼 다른 아이들과 놀이 과정 전체를 지배하려는 모습을 보이는 것은 이 때문이다.

요즘 아이들 사이에 왕따 문화는 '너랑 안 놀아'라는 말과 함께 자기가 주도한 놀이에서 친구를 배제하는 행동으로 나타난다. 왕따를 예방하려면 갓난아기 때부터 부모가 아기의 얼굴을 마주 보면서 상호작용 놀이를 하는 것이 중요하다. 상호작용 놀이야말로 아이들이 친구와 이야기하고 놀이할 수 있는 태도와 자질을 기를 수 있는 유일한 길이기 때문이다. 언젠가 대구에서 이러한 내용의 강의를 한 적이 있는데, 강의를 마친 후, 몇 사람의 질문을 받았다. 그중 한 사람이 단동십훈 이야기를 했다.

"선생님, 다 좋았지만 단동십훈檀童十訓에 대해 말씀하실 때 더 감동을 받았어요."

"단동십훈이요?"

"네, 선생님이 '도리도리'에 대해서 말씀하셨잖아요. 옛날 우리 할머니들이 아이들에게 해주던 '도리도리', '곤지곤지', '짝짜꿍'이 단군 할아버지가 후손들에게 준 가르침이래요. 그래서 단동십훈이라고 하는데 말 속에 깊은 뜻이 담겨 있다고 하더라고요. '도리도리'는 '길 도(道)', '다스릴 리(理)'를 써서 사람으로 태어났으니 하늘의 이치와 천지만물의 도리를 깨치라는 뜻을 담았다는 것이죠."

"저는 이 놀이를 할머니들한테 배웠고, 그분들은 단동십훈이라는 말을 한 번도 한 적이 없었어요. 그래서 당연히 우리 토박이말이라고 생각했는데 어떤 근거가 있는 이야기입니까?"

"그건 잘 모르겠고요. 텔레비전에서도 나오고요. 요즘 백화점에서 아기랑 엄마랑 하는 프로그램으로 아주 인기예요."

단동십훈이란 말을 그전부터 알고 있기는 했다. 하지만 생활 속에서는 한 번도 들어보지는 못했고 전통 육아를 연구하는 학자들의 책에서만 볼 수 있었다. 그리고 우연히 EBS에서 방영된 「오래된 미래, 전통 육아의 비밀」이라는 프로그램을 보았다. 단동십훈이라는 말이 부모들한테 많은 영향을 주고 있다는 것을 그때서야 확실히 알 수 있었다. 단동십훈에 대한 내용을 자세히 알고 싶어 자료를 찾아보았다.

단동십훈이라는 말이 대중적으로 알려진 것은 최근의 일이었다. 황우연이라는 사람이 쓴 『천부의 맥』(1988년)을 통해서였는데 원래는 단동치기십계훈檀童治基十戒訓이었다고 한다. 단군이 갓난아기들에게 가르치던 열 가지 인간의 도리라는 뜻인데 그 말을 줄여서 단동십훈이라 한 것이다.

단동치기십계훈

황우연

불아불아(弗亞弗我)

시상시상 달궁(侍上侍上 達宮)

도리도리(道理道理)

잼잼, 지암(揝揝, 指庵)

곤지곤지(昆指昆指)

질나비 훨훨(疾那腓)

짝짝궁(作綽窮, 作九宮)

섬마섬마 용타(瞻摩瞻摩 庸詑)

어화(唹和, 噓和) 둥둥

자장자장(自奬自奬)

좀 더 오래된 자료도 있었다. 1962년에 안명선이라는 사람이 낸 책 『빛나는 겨레의 얼』은 단군이 후손들에게 준 열 가지 계명, 곧 단군의 십계명이 있었다는 내용을 담고 있다.

단군의 십계명

안명선

부라부라(弗亞弗亞)

시상시상(侍想侍想)

도리도리(道理道理)

지암지암(持闇持闇)

곤지곤지(坤地坤地)

섬마섬마(西摩西摩)

어비어비(業非業非)

아함아함(亞含亞含)

짝자꿍짝자꿍(作作弓作作弓)

질라라비 훨훨의(咥哪呵備 活活議)

단군의 십계명은 안명선이 대종교 본부에서 경전을 열람하다가 발견했다고 한다. 십계명과 단동십훈을 비교해보면 전체적인 테두리는 비슷하지만 목록이 조금 다른 것을 발견할 수 있었다. 같은 놀이인데 한자말이 다른 것도 있었다. 이는 사람들에 따라 의미를 부여하는 방식이 달랐기 때문일 것이다. 어쨌든 자료를 통해 확인한 것으로는 단동십훈이든 십계명이든 그 이름을 붙이고 유통시키려고 한 것은 길어봤자 백 년이 넘지 않았을 것이라고 결론을 내렸다. 아마도 일제 강점기에 대종교와 관련된 사람들이 민족운동의 한 방법으로 정리한 내용들이 아니었을까 짐작해본다.

그럼에도 많은 사람들이 단동십훈에 대해서 열광하는 것은 자기가 알고 있던 놀이에 '그렇게 깊은 뜻이' 하는 생각과 함께 그 뿌리가 오래됨에 대한 감동 같은 것이 있기 때문일 것이다. 그러한 감동과 생각이 우리 아기 어르는 소리를 다시 살리는 데 있어서 중요한 계기가 될 수 있다는 생각도 해보았다. 하지만 그러한 긍정적인 점보다는 문제가 더 많을 것이라는 생각이 들었다.

가장 큰 문제는 아기 어르는 소리를 역사적으로 발전시켜온 임자인 이 땅의 할머니와 어머니들의 역할을 부정하는 것이다. 나는 아기 어르는 소리와 자장가 가운데 몇 가지는 단군 시대보다 훨씬 더 오래전에 만들어졌다고 생각한다. 노래와 놀이를 좋아하는 것은 인간의 본성이므로 현대 인류가 아프리카에서 나타난 이십만 년 전부터 노래와 놀이는 있었을 것이기 때문이다. 요즘도 엄마들은 아기가 울 때면 바로 안아주고 젖을 먹일 때도 눈을 지그시 바라보다가 젖 빼는 것을 멈추면 가볍게 흔들어주고 몇 마디 말도 건넨다. 그러면 아기도 엄마를 보고 웃거나 옹알이를 하고 엄마도 즐겁게 반응을 하는데 현생 인류 초기에도 그랬을 것이다. 지금처럼 그때도 엄마와 아기의 상호작용 과정에서 나타난 고조된 말과 억양이 자연스럽게 노래로, 놀이로 발전했을 가능성이 높다. 이렇게 아기 어르는 소리는 여성들이 아기와 소리, 몸짓을 나누는 과정에서 만들어졌다. 그렇게 소박하게 시작한 아기 어르는 소리가 지금은 서른 개가 넘는다. 노래와 놀이를 좋아하는 우리 겨레는 아기의 몸짓과 느낌이 변해가는 모든 단계마다 부추기는 놀이를 창조했던 것이다. 이 거대한 문화 전통을 육아 과정에 참여하지 않았던 단군이라는 남성이 한순간에 만들 수는 없는 것이다. 값어치 있는 모든 것들은 남성 영웅들이 만들어냈다는 가부장적 상상력이 그러한 논리의 밑바닥에 깔려 있는 것이 아닌지 의심해볼 일이다.

많은 사람이 단동십훈에 나오는 한자말에서 감동을 받는 것도 문제이다. 그 감동의 배경에 우리말로 된 것은 촌스럽고 한자말로 해야 품위 있고 깊은 뜻이 담겨 있다는 사대주의 의식이 배어 있는 것은 아닐까? 이 땅의 할머니들이 한자말을 통해서 아기들과 마음을 나누지는 않았다. 한자말은 주로 남성 지배자들이 사용했고 대부분 여성들의 삶과 동떨어진 글자였다. 조선시대 양반들이 자기 아내에게 편지를 쓸 때 한글로 썼던 것이 그것을 증명한다.

우리말 아기 어르는 소리가 가지고 있는 뜻과 속살이 한자말의 그것보다 훨씬 더 넓고 깊고 두터움을 알지 못하는 것도 문제이다. 모든 공동체는 자신들의 집단 경험의 기억을 다음 세대에 전하기 위한 문화 장치를 두고 있다. 양반 귀족들은 글말을 통해서 자신들의 경험과 사상을 전달했다. 이러한 전달 방식은 뜻을 강조하기 마련이다. 이와 달리 민중들은 노래, 이야기와 같은 입말을 통해서 경험과 사상을 전달해왔다. 이 방식이 가진 장점은 무의식을 통해서 경험의 뜻과 속살뿐만 아니라 상황(표정, 호흡, 분위기)까지 그대로 이어지는 것이다. 놀랍지 않은가! 뜻을 일러줄 수 없어도 그 표정과 호흡, 그 느낌을 가지고 놀이를 하면 뜻과 속살이 통째로 전승된다니!

또 다른 문제는 단동십훈이 어떤 것인지 분명하지 않다는 것이다. 지금 소통되고 있는 단동십훈은 황우연의 책에 나온 내용보다는 안명선의 십계명을 조금 바꾼 내용인 듯하다. 이 책에서는 EBS에서 방영된 「오래된 미래, 전통 육아의 비밀」에서 정리한 단동십훈에 대한 풀이를 참고하였다.

아기 어르는 소리를 계속 연구하면서 이 노래와 놀이가 아동 발달 단계에서 지니는 뜻과 속살을 서양의 심리학 이론과 비교해본 적이 있다. 피아제나 콜버그처럼 인지나 도덕성에 초점을 맞추는 것이 아니라 살아 있는 인간관계에서 서로 주고받는 정서가 가진 힘을 연구한 학자들, 콜윈 트리바덴과 데니얼 스턴의 논리로 아기 어르는 소리를 짚어본 것이다.

트리바덴은 1~6개월 시기의 갓난아기와 부모가 얼굴 표정과 몸짓을 서로 흉내 내면서 하나의 마음자리가 되는 과정을 '1차 간주관' 또는 '초기 원시 대화'라고 이름 붙였다. '간주관'이란 두 사람 또는 집단이 같은 마음자리로 이어져 있는 상태를 말하는 현상학

용어이다. 7, 8개월이 넘어서게 되면 낱말이나 공유된 장단 등 공동체의 준거를 통해 소통하게 된다. 이렇게 공유된 문화를 바탕으로 같은 마음자리가 되는 것을 트리바덴은 '2차 간주관'이라고 했다. 우리 육아 문화를 트리바덴의 개념에 비추어보면 옹알이는 1차 간주관, 아기 어르는 소리는 2차 간주관이라고 할 수 있을 것이다. 트리바덴과 데니얼 스턴은 아기의 어떤 경험도 타인, 특히 부모랑 주고받는 상호작용과 연결되어 있다는 것을 강조함으로써 기존의 서양 육아 및 아동 발달 이론을 뛰어넘을 수 있었다.

하지만 한계도 있었다. 그들은 아기를 나처럼 직접 기르면서 문화 전통을 깊이 파고든 것이 아니라 엄마와 아기가 소통하는 장면을 비디오로 찍어서 분석했다. 부모와 아기가 어울리는 장면을 24프레임으로 찍어서 세밀하게 분석해보면 어울림과 관련된 여러 가지 자료를 얻을 수 있다. 눈을 어떻게 맞추는지, 눈을 맞추고 놀이하는 시간은 몇 초인지, 아기가 고개를 돌릴 때 부모가 어떻게 하는지 등을 찍은 자료들은 육아에 대한 새로운 통찰력에 바탕이 되어주었다. 하지만 그러한 접근 방법으로는 상호작용 상황에서 부모가 가진 기쁨, 만족감, 설렘과 같은 주관적인 느낌을 질적으로 파악하기는 어렵다는 것이 내 생각이다. 그렇게 관계 바깥에서 관찰하고 정리하는 방법으로는 아기와 부모 사이의 간주관적인 공명의 속살도 파악할 수 없었을 것이다. 이는 문화적 한계가 그 까닭이었을 가능성이 있다. 서양에서는 갓난아기 때 옹알이를 빼면 주로 사물을 가지고 하는 놀이가 발달해왔다. 이렇게 아기 얼굴을 보고 상호작용하는 놀이 전통이 약한 사회에서 부모와 아이의 어울림을 찍는다 하더라도 우리 아기 어르는 소리와 같은 공동체적인 소통의 장면은 나타나기 어렵기 때문이다.

 사람 사이의 소통은 한 사람이 다른 사람을 향해 신호를 주고받으면서 마음을 열고 같은 마음자리가 되는 것이다. 아기는 부모와 사회의 도움을 받으면서 세상에 대한 완전한 믿음을 가지게 된다. 그러한 믿음을 바탕으로 아기가 마음을 열고 공동체 속에서 자기 자리를 찾도록 하는 것이 우리 겨레의 아기 어르는 소리이다. 그래서 나는 아기 어르는 소리를 세계 최고의 육아문화유산이라고 생각하고 있다.

둥기둥기 둥기야
-영원한 사랑 노래

둥기둥기 둥기야

두둥기 둥기둥 둥기야

앉으나 서나 둥기야

입으나 벗으나 둥기야

외 불듯 가지 불듯

무럭무럭 잘 자라라

인천바다 조수 일 듯

동해바다 파도치듯

외 불듯 가지 불듯

잔병 없이나 잘자래라

둥기둥기 둥기야

두둥기 둥기둥 둥기야

날아가는 학선인가

구름 밑에 신선인가

앞으로 보아도 내 사랑

뒤로 보아도 내 사랑

둥기둥기 둥기야

두둥기 둥기둥 둥기야

둥기둥기야는 한뫼와 솔뫼가 어렸을 때 밤낮으로 항상 했던 놀이이다. 한 손은 아기 엉덩이를 받치고 다른 한 손은 등을 받친 채로 흔들어준다. 가끔은 공중에 살짝 던졌다 받는데 무섭기도 하련만 두 아이는 깔깔거리며 좋아했다. 힘이 부족한 아내는 아이들을 등에 업고 흔들면서 이 노래를 불러주었다. 이 놀이는 기분이 좋을 때 하는 것이 제격이다. 저도 나도 기분이 좋을 때면 한뫼는 놀자는 표정으로 나를 바라보며 웃었다. "우리 둥기야 할까?" 하면 벌써 기대와 설렘이 얼굴에 가득했다. 그럴 때마다 아이와 나 사이에 이 놀이를 연결 고리로 해서 특별한 마음의 끈이 이어져 있다는 느낌이 들었다. 한뫼가 엄마 뱃속에서 태동을 할 때부터 아내와 나는 태담을 했다. 태담 가운데 하나가 내가 '둥기둥기야'를 부르면서 아내 배를 토닥이는 것이었다. 그런데 임신한 지 8개월쯤 되었을 때 내가 아내의 배를 토닥이자 바로 그 자리를 아기가 발로 차는 것이었다. 아기가 얼마나 민감하게 반응할 수 있는지 궁금해서 천천히 아내 배를 둥글게 돌아가면서 토닥여보았다. 처음에는 반응이 없었지만 참을성을 갖고 열흘쯤 계속하자 드디어 반응이 왔다. 아기가 두세 번을 따라오면서 발로 찼다. 이렇게 뱃속의 아기랑 역동적인 상호작용을 했으니 한뫼가 태어났을 때 땅바닥에 눌어붙은 듯 꼼짝 못하는 모습이 낯설기만 했다. 그래서 이리저리 반응을 끌어내려 시도했지만 별 효과가 없었다.

곰곰이 생각한 끝에 아기가 뱃속에서 하던 몸짓조차 하지 못하는 것은 환경이 너무 많이 바뀌었기 때문이라는 것을 알 수 있었다. 뱃속에서 아기는 양수 속에 떠 있었기 때문에 지구 중력의 영향을 거의 받지 않는다. 하지만 세상에 나오면 그 영향을 직접적으로 받게 된다. 중력의 영향은 뱃속에 있을 때보다 오십 배 이상이라고 하니 자신의 팔다리를 가누고 다스릴 힘이 없었던 것은 당연한 것이었다.

온도 조건 역시 그렇다. 아기는 엄마의 뱃속에 있을 때 38도라는 안정적인 온도 환경 속에 살았다. 그런데 분만실 환경은 보통 22~26도에 맞춰져 있다. 이 정도의 갑작스러운 온도 변화에는 어른들도 적응하기 힘들다. 그러니 체온 조절 능력이 없는 갓난아기는 더욱 힘들 수밖에 없다.

캄캄한 자궁 안에 있다가 분만실의 밝은 불빛을 만나는 것도 낯설고 충격적인 경험이었을 것이다. 명암에 대한 감각이 있는 어른들도 어두운 데서 밝은 데로 나갈 때는 적응이 필요하다. 아무런 준비도 없이 눈부신 세상을 만나니 많이 놀랄 수밖에.

숨 쉬는 것도 마찬가지다. 아기는 자궁 안에서는 탯줄을 타고 들어오는 피를 통해 산소를 공급받기 때문에 숨 쉴 필요를 느끼지 못한다. 이와 달리 자궁 밖에서는 태반이 더 이상 기능하지 않기 때문에 아기 몸의 산소와 이산화탄소의 균형이 깨질 수밖에 없다. 따라서 호흡을 통해 산소를 얻고 이산화탄소를 내보내야 한다. 아기가 태어나서 첫 호흡을 할 때까지 의료진이 숨을 멈추고 지켜보는 것은 이 과정에 적응하는 것이 얼마나 숨 가쁜 일인지 모두가 느끼고 있기 때문이다. 우주인이 지구로 돌아올 때 공간과 중력을 다르게 경험하고 적응하는 것에 비교될 수 있을 것이다. 그런 상황에 놓여 있는 아기에 대한 이해를 하고 나서야 우리 아기가 얼마나 힘들었는지 조금이나마 짐작할 수 있었다.

그 어렵고 험난한 과정을 겪고 태어났다고 생각하니 더 귀하고 소중하고 사랑스러워 보였다. 큰 얼굴에 작은 팔다리, 인형 같은 작은 손가락은 아무리 무뚝뚝한 사람도 얼굴에 웃음꽃을 피게 할 만큼 아빠 마음을 잡아끄는 힘이 있었다. 태어나서 얼마 동안은 아기가 너무 약해 보여서 놀이를 할 생각도 하지 못했다. 건드리면 톡 하고 터질 것 같고 만지면 부서질 것 같은 느낌 때문에 조심스럽게 아기 피부를 쓰다듬는 것이 내가 할 수 있는 유일한 소통이었다.

한 달 반쯤이 지나니 용기가 생겼다. 살살 흔들어주면서 "둥기둥기 둥기야 두둥기 둥기둥 둥기야." 했더니 아기가 나를 빤히 바라보왔다. 마치 '아빠 나 그 노래 알고 있어.' 하는 표정으로. 그 뒤로도 이 노래를 불러주면 얼굴을 찌푸리며 신경질을 부리다가도 방실방실 웃었다.

이 노래는 태어난 아기를 온몸으로 환영하는 놀이이자 의식이고 찬가였다. 날아가는 신선 같기도 하고 하늘에서 내려온 선녀 같기도 하고 어디를 보아도 예쁜 아기에 대한 사랑을 이 노래만큼 담을 수 있는 노래가 있을까? 이 노래를 수없이 많이 부르면서 나는 춘향전의 '사랑가'보다 이 '둥기둥기야'말로 진정한 사랑가라고 생각하게 되었다. 남녀 사이의 사랑을 노래한 '사랑가'보다 이 땅의 모든 부모와 조부모들의 아기 사랑을 담은 '둥기둥기야'가 가진 공감의 폭이 훨씬 더 넓고 깊기 때문이다.

이렇게 사랑으로 넘쳐나는 노래와 놀이는 공동체가 아기에게 베푸는 가장 큰 환대이다. 심리학자 데니얼 스턴은 '활력 정서'라는 말을 사용한 적이 있다. 기쁨과 슬픔처럼 우리가 표현하는 일반적인 감정을 '범주적 정서'라고 한다면 활력 정서는 정서의 내용이 아니라 몸짓, 표정, 목소리의 높낮이나 장단과 같은 정서를 드러내는 방식을 말한다. 범주적 정서가 우리 내면의 상태를 표현하는 것인 데 비해 활력 정서는 서로의 마음을 넘나드는 거울 반응과 바로 연결되기 때문에 우리의 행동과 정서를 직접적으로 불러내는 특징이 있다. 똑같은 노래를 불러준다 하더라도 부모가 어떤 표정과 몸짓으로 불러주느냐에 따라 아기에게 미치는 영향이 다른 것이다. 엄마가 활발하게 자신의 느낌과 정서를 표현하면 아기 역시 같은 시간, 같은 형태, 같은 몸짓으로 반응을 한다. 엄마가 좀 더 과장된 몸짓으로 되먹임을 하면 아기 역시 그렇게 반응하면서 같은 마음자리를 만들어간다. 이렇게 활력 정서를 주고받는 상호작용을 데니얼 스턴은 '정서 조율'이라고 했고 인간의 모든 상호작용의 바탕이 된다고 보았다.

'둥기둥기야'는 내가 가장 즐겁고 공감적으로 활력 정서를 표현할 수 있는 놀이였다. 이 놀이를 통해서 나는 우리 아이를 나의 세계로 초대할 수 있었고 아이의 내면으로 들어갈 수 있었다. 내가 경험한 바로는 6개월까지 아기와 양육자는 같은 존재이다. 아기는 엄마를 포함한 양육자를 다른 존재로 여기지 않으며 그 사람의 표현과 반응 속에서만 자신을 알게 된다. 관계와 상호작용이 먼저이고 개체적인 자기, 주체성은 그다음에 만들어진다. 아기가 성장하는 과정은 개체로 태어나서 자기를 확립하는 과정이 아니라 공동체의 절대적인 환대 속에서 편안하게 자기의 자리를 찾아가는 과정이라는 것은 아기 어르는 소리를 하면서 깨달을 수 있었다.

쭈까쭈까 쭉쭉
-무럭무럭 자라라

"아기 기를 때 쭈까쭈까 쭉쭉을 해주셨나요?"
"쭈까쭈까 쭉쭉이요?"
"왜 있잖아요. 할머니나 어머니가 아기를 뉘어놓고 온몸을 주물러주는 놀이요."
"아, 알겠어요. 기저귀 갈아주거나 젖 먹이고 트림하고 난 다음에 친정 엄마가 아기한테 해줬어요. 자고 난 다음에도 해줬던 것 같아요. 그러면 기지개를 켜면서 아주 좋아했던 기억이 나요."
"맞아요. 애가 기지개를 켜면 그때도 해줬던 것 같아요."
"그런데 우리 집에서는 '뼈대뼈대'라고 했는데요."

아기 어르는 소리에 대한 강의를 할 때 '도리도리'나 '짝짜꿍' 이야기를 하면 대부분 어떤 형태로든 반응이 온다. 하지만 '쭈까쭈까 쭉쭉' 놀이를 했느냐고 물으면 서로 얼굴만 바라보는 경우가 많다. 쭈까쭈까 쭉쭉을 놀이라고 생각해본 적이 없는 데다가 지역마다 노랫말이 달라서 같은 놀이라고 생각하지 못했을 수도 있다. 경기도 일대에서는 '뼈대뼈대' 또는 '뿌대뿌대'라고 했고, 진안에서는 '하암하암', 완도나 예천에서는 '큰다큰다'라고 했기 때문이다.

'쭈까쭈까'는 태어난 지 한두 달만 되면 할 수 있기 때문에 아기 어르는 소리 가운데서도 가장 먼저 하는 놀이 가운데 하나이다. 나는 어렸을 때부터 아기가 기지개를 켤 때 '크려고 저런다'고 하는 어른들의 말을 많이 들었다. 아기가 크려는 욕구를 가지고 있다고 믿었다면 그 몸짓을 부추기기 위한 놀이가 생겨난다. 노랫말에는 '쭉쭉'이나 '뼈대뼈대'처럼 말 자체에 무럭무럭 자라라는 뜻이 담기기 마련이다.

우리 부부는 이 놀이를 장모님한테 배웠다. 장모님은 갓난아기를 저렇게 눌러도 되나 하는 생각이 들 정도로 아주 세게 눌러주었다. 그런데 우리 생각과 달리 아기는 아파하는 것이 아니라 아주 시원하다는 표정으로 활짝 웃었다. 아기가 그렇게 좋아하니 나와 아내도 시간만 나면 쭈까쭈까 쭉쭉을 해주었다.

쭈까쭈까 쭉쭉
쭈까쭈까 쭉쭉
우리 애기 잘 큰다
쭈까쭈까 쭉쭉

쭈까쭈까 쭉쭉

똑같은 놀이를 아내는 나와 다른 느낌과 방식으로 했다. 마치 말을 거는 것처럼 보였다.

옳지 우리 애기 잘한다
우리 애기 크려고 기지개 켜네
아이고 우리 애기 잘도 큰다
쭈까쭈까 쭉쭉 쭉쭉쭉쭉쭉

장모님을 따라 자연스럽게 놀이하는 아내를 보면서 문화 전승에 대한 내 생각이 가부장적이었다는 것을 알게 되었다. 처음에 나는 아기 어르는 소리는 친할머니로부터 이어지는 것이라고 생각했다. 그런데 장모님에게 놀이를 배우면서 생각이 바뀌었고, 가족제도를 공부하면서 조선 전기까지는 아기 어르는 소리의 전승이 외할머니에서 어머니에게로 이어졌다는 것을 확인할 수 있었다.

조선 전기까지는 신랑이 신부 집에 들어가서 살았다. '장가간다'는 말은 장인 집에서 산다는 말이고 '서방'이라는 말은 그 집에서 사위가 사는 방을 일컫던 말이다. 서방님은 사위를 높이는 말이었다. 조선 전기까지는 밭농사의 비중이 높아서 며느리가 시어머니, 시누이와 함께 일하는 것보다는 친정어머니, 친언니들과 일하는 것이 사회의 생산성과 복지에서 훨씬 유리했을 것이다. 아기를 낳은 뒤 조리하는 데도 편했을 것이다. 당시의 풍습은 자녀를 다 키울 때까지 처갓집에서 살았다. 아기가 다 자라면 처가에서 상속한 재산이 많을 땐 처갓집 주변에서 살고 친가에서 상속한 재산이 많으면 친가 주변에 거처를 마련하는 것이 일반적이었다. 지금과 달리 옛날에는 아들과 딸이 평등하게 상속을 받았기 때문이다. 이를 균분상속이라고 한다. 율곡이 어머니와 함께 외가에서 태어나서 다 자랄 때까지 그곳에서 살았던 것은 그러한 까닭이었다.

신사임당보다 한 세대 뒤 사람인 허난설헌은 시댁에 들어가서 살았다. 허난설헌의 시집살이가 시작된 때가 1580년쯤이니 그때부터 본격적인 시집살이가 이 나라에서 시작된 것이다. 여유 있고 당당한 신사임당과 눈물과 비탄, 한숨으로 나타나는 허난설헌의 모습은 단지 개인의 성격 차이가 아니라 이러한 시대 상황을 배경으로 하고 있다. 이렇게 여자가 친정에서 잉태, 출산, 육아를 한다면 시어머니보다 친정어머니의 역할이 클 수밖에 없다. 이와 달리 여자가 시집에 들어가 살게 되면 아기 어르는 소리의 전승 구조가 바뀔 수밖에 없었다. 아기 엄마는 어렸을 때 자기 어머니나 할머니가 아기를 돌보는 모습을 보면서 자연스럽게 배웠고 시집가서는 시어머니가 아이들을 돌봐주는 모습을 보면서 따라 배웠을 것이다.

전통 사회에서 아기 어르는 소리가 전승될 수 있었던 것은 삼대 이상이 모여 사는 대가족 제도의 영향이 컸다. 이와 달리 오늘날과 같은 핵가족 사회에서는 본보기를 보일 어른들이 없는 데다가 부모들이 전통적 육아 문화를 부정적으로 보는 경우가 많아 전승이 끊길 가능성이 높다. 아기 어르는 소리와 그것이 가능한 공동체 문화 기반을 살리려면 조부모들의 역할을 다시 높여야 한다. 옛날에는 풍부한 육아와 놀이 경험을 가진 할머니의 역할을 높이는 여러 가지 문화 장치를 가지고 있었다. 양반 집에서는 어른들 앞에서 엄마가 아기를 예뻐하면 상놈들이 하는 일이라고 비난받았다고 한다. 아기를 마음껏 예뻐할 수 있는 것은 집안에서 할머니만이 가진 특권이었다. 평민들 집안에서는 그 정도까지는 아니었지만 어른들 앞에서 엄마 아빠가 아기를 안고 어르는 것은 삼가는 것이 도리였다. 어른들 앞에서 아이들을 야단치는 것도 금기였다. 이러한 방법을 통해서 부모와 아이가 서로 감정적으로 충돌하지 않을 수 있는 일종의 제어장치를 마련한 것이다.

이처럼 할머니, 할아버지들의 역할이 다시 살아나야만 학교 교육이나 마을 프로그램으로 아기 어르는 소리를 되살려내는 활동이 힘을 받을 수 있다. 골목이나 아파트 단지, 시골에서는 면 단위로 조부모와 부모, 아이들의 놀이 모임을 만들고 놀이 공간과 놀이 목록을 지원할 수 있는 사회단체도 생겨나야 한다. 이러한 프로그램을 정부와 지방자치단체가 지원한다면 더할 나위 없이 좋다. 우리 사회는 전통 육아 문화를 살릴 수 있는 기회가 아직도 남아 있다. 옛날 육아법을 기억하고 있는 어른들이 있고 우리 세대 역시 어릴 때에 그러한 문화 속에서 살았기 때문이다. 따라서 사회적 인식의 전환만 있다면 아기 어르는 소리를 살리는 것이 불가능한 일이 아니다. 독일에서처럼 우리도 아기 어르는 소리 살리기 운동을 범국민운동으로 진행하면 좋겠다.

짱짱짱
-두 발에 힘을 주며

한뫼를 기를 때는 놀이를 되살려가며 함께 놀기는 했지만 육아 전체를 책임지는 수준은 아니었다. 그러다 보니 아기의 발달 과정에 대한 전체적인 테두리를 잡아내기 어려웠고 놀이의 뜻과 속살을 깊이 살피지도 못했다. 그래서 솔뫼를 기를 때는 집에서 재택근무를 하면서 아기를 돌보기로 했다. 아내의 출산 휴가 기간 중에는 큰 어려움이 없었다. 아내가 직장에 나가면서 나 혼자 아침부터 저녁때까지 아기를 돌보게 되자 그때서야 육아의 어려움을 온몸으로 느낄 수 있었다. 잠시도 시간이 나지 않았다. 주초에는 아기를 안아주고 놀아주는 것이 힘들지 않았지만 주말이 가까워지면 나도 지쳐서 놀이하는 횟수도 줄어들었다. 누가 한나절이라도 아기를 봐주면 좋겠다는 마음이 절로 생겼다. 아내가 아기를 함께 돌보면 비로소 마음의 여유가 조금 생겼기 때문에 일요일을 목이 빠지게 기다렸다.

기다리던 일요일은 마침 청명이었다. 청명은 말 그대로 맑고 푸른 절기라는 뜻이다. 청명이 되면 주변이 산뜻해진다. 마당에는 풀꽃이 만발하고 나무 꽃도 목련, 앵두, 개나리 등이 활짝 피고 진다. 주변을 돌아보면 개나리가 온통 노랗고 집 뒤 무덤에 있는 벚꽃도 활짝 피었다. 들판은 날로 푸르러지고 산에도 여러 관목들이 잎사귀를 내면서 갈색을 벗고 초록색 옷으로 갈아입고 있었다. 마당에서 이 꽃 저 꽃을 보고 향기도 맡으면서 산책을 하는데 아내가 밖을 내다보며 말했다.

"여보, 애가 발에 힘을 줘."

방으로 들어가니 아내가 솔뫼의 다리를 90도로 하늘을 향해 세우고 손바닥으로 누르고 있었다. 나도 눌러보았다. 제법 힘을 주어 눌렀는데도 두 다리에 힘을 주고 꼿꼿하게 버텼다. 한뫼를 기를 때는 그렇게 발바닥에 힘을 주는 건 알았지만 그 상황에서 어떻게 노는지 몰랐다. 솔뫼를 기를 때는 제대로 해보자는 마음으로 마을 할머니들한테 놀이 방법을 물어보았다. 할머니들 대부분 그 놀이 방법을 알고 있었다. "어, 그때 하는 놀이 있었지. 아주 쉬워." 하면서 불러준 노래이다.

짱짱짱짱

짱짱하다 짱짱해!

짱짱짱짱

> 짱짱하다 짱짱해!

솔뫼가 이 놀이를 아주 좋아해서 우리 부부뿐만 아니라 한뫼도 틈만 나면 솔뫼의 앙증맞은 다리를 세워놓고 놀았다. 하루에도 여러 번 이 놀이를 하면서 처음으로 사람의 발에 대한 생각을 깊게 해보았다.

두 개의 발바닥이 우리 몸 전체 면적 가운데 차지하는 비율은 2%라고 한다. 고작 땅에 닿는 2%의 면적으로 우리 몸의 무게를 감당하는 것이다. 그렇게 고생하는 발이지만 우리는 평상시에 발에 대한 고마움을 별로 생각하지 않는다. 심지어 하찮게 생각하는 경우가 많다. 속담에 '발샅에 때만도 못하다'는 말이 있는데 이 말은 하찮은 것 가운데서도 가장 하찮다는 뜻을 드러낼 때 쓰는 말이다.

발의 생김새를 보면 '발등'과 '발바닥'이 있고 가운데 잘록한 곳을 '발허리'라고 한다. 앞쪽에는 다섯 개의 '발가락'이 있고 발가락 사이에 있는 골짜기를 '발샅'이라고 한다. 손가락 사이 골짜기는 '손샅'이라고 하는 것과 마찬가지다. 다리 사이를 '사타구니'라고 하는데 이 말 역시 '샅'에서 온 것이다.

발을 천대했던 사람 가운데 하나였던 내 생각이 변한 것은 '짱짱짱'을 하면서 아기의 작고 귀여운 발이 가진 짜임새와 쓸모가 얼마나 대단한지 발견했기 때문이다. 레오나르도 다빈치도 나처럼 생각했는지 뼈가 26개, 인대가 114개, 근육이 20개나 되는 발의 짜임새를 보고 '공학의 걸작품'이라고 감탄했다.

	손	발
긴팔원숭이	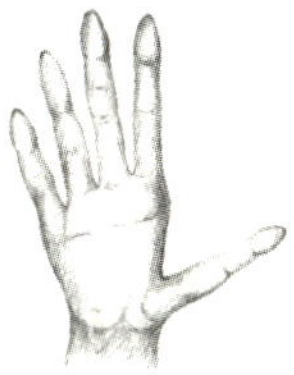	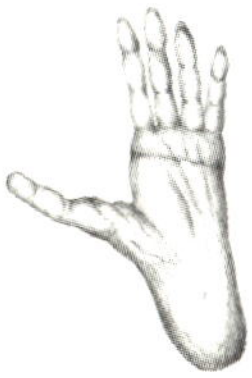
침팬지		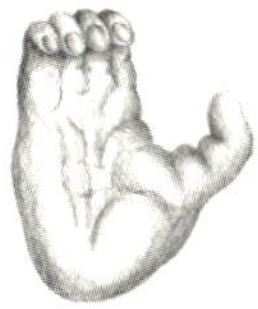
고릴라		
사람		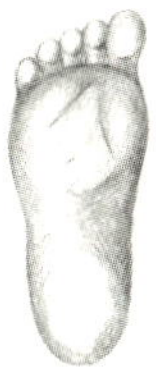

그림 1_사람과 유인원의 손발 비교

본디 발은 손과 같은 뿌리를 가진 기관이다. 그래서 대부분의 포유류는 앞발과 뒷발의 생김새가 같다. 영장류의 경우에도 긴팔원숭이와 같은 원원류는 손과 발의 생김새가 거의 비슷하다. 이러한 손발의 형태는 나뭇가지를 손과 발로 움켜쥐면서 이동했다는 것을 보여주기 때문에 이들이 나무 위에서 생활했다는 증거가 된다. 그리고 그렇게 긴 발바닥으로는 땅 위에서 오래 걸어 다닐 수 없다.

이보다 좀 더 진화한 원숭이인 고릴라, 오랑우탄, 침팬지 등은 손과 발이 확실히 구분된다. 이러한 짜임새는 잡는 손과 걷는 발의 진화 경향을 잘 보여준다. 발가락 길이는 원원류보다 훨씬 짧아졌지만 여전히 사람 발가락보다는 길고 엄지발가락이 떨어져 있다(그림 1). 이렇게 엄지발가락과 다른 발가락이 떨어져 있으면 안정적으로 서기가 어렵고 오래 달릴 수도 없다. 이와 달리 사람의 발은 발가락도 짧고 엄지발가락이 다른 발가락과 붙어 있어 안정적으로 설 수 있는 짜임새를 가지고 있다.

사람의 발바닥이 보여주는 짜임새에서 가장 중요한 것 중에 하나가 가운데가 움푹 들어가서 땅바닥에 닿지 않는다는 것이다. 서양에서는 이러한 구조를 아치arch, 곧 활 구조라고 한다. 우리나라에서도 옛 성문이나 다리에서 이러한 모습을 발견할 수 있는데 이를 홍예문, 홍예다리라고 한다. 홍예는 무지개의 한자말이니 무지개문이라는 뜻이다. 같은 꼴에서 서양 사람들은 활을, 동양 사람들

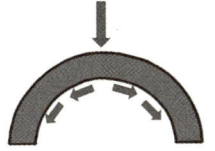 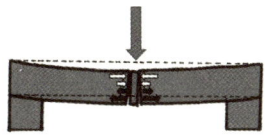

그림 2_다리의 형태와 힘의 분산

은 무지개를 떠올렸던 것이다. 무지개문은 위에서 누르는 힘을 옆으로 분산시키는 구조이다. 무지개문이 아닌 위가 평평한 문을 만들면 무게가 한가운데 집중되어서 쉽게 무너진다(그림 2). 삼각형으로 문을 만들면 안정되기는 하겠지만 위가 너무 좁아서 사람이나 말, 수레가 드나들 때 힘들다. 그래서 탄생한 경제적이고 안정적인 짜임새가 무지개문, 무지개다리인 것이다.

사람의 발은 가운데가 굽어 있는 무지개 구조를 중심으로 뒤꿈치에 50%, 엄지발가락과 그 밑부분이 30%, 새끼발가락 부분이 20%의 체중을 감당한다. 이와 달리 평발은 그 무게가 발꿈치나 엄지발가락과 그 밑부분, 새끼발가락으로 분산되지 않고 발허리 부

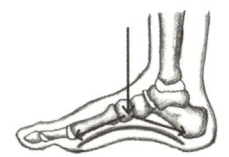 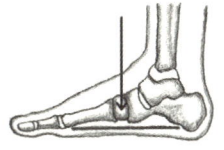

그림 3_발의 짜임새와 힘의 분산

분에 집중된다(그림 3). 그래서 평발을 가진 사람들은 오래 걷기 어렵고 높은 산을 오를 때도 힘에 부친다.

    그러고 보면 사람의 진화 과정은 발의 진화 과정에 다름 아니었다. 발이 그 작은 면적으로도 우리 몸 전체를 지탱할 수 있어서 바로 설 수 있었고, 손이 해방되어 도구를 만들 수 있게 되었기 때문이다. 인류의 진화 과정이 그랬던 것처럼 한 사람이 성장하는 과정에서도 발의 역할은 중요하다. 아기의 발은 처음에는 누구나 평발처럼 보인다. 점점 발이 커지면서 일어서고 걷기 운동을 하면서 아치 구조가 점점 더 분명해진다. 아기가 적극적으로 일어서려고 할수록 그 소중한 발이 제 역할을 다 할 수 있다. 아기가 자기의 발에 관심을 갖고 적극적으로 움직이도록 부추겨주는 놀이가 짱짱짱이다. 옛사람들의 슬기가 새삼 고마워진다.

엄마 손이 약손이다

할머니 손이 약손이다

우리 애기 배는 똥배고

우리 애기 배는 똥배고

할머니 손이 약손이다

쑤욱 내려가거라

쑤욱 내려가거라

쑥쑥 내려가거라

할머니가 이렇게 해주는데

우리 애기 아플 틈이 어디 있어

쑤욱 내려가거라

쑥쑥 내려가거라

두 아이가 아플 때면 장모님은 아이들 배를 문지르면서 '할머니

손이 약손이다'를 불러주셨다. 아이들이 속이 조금만 거북해 보여도 배를 문질러주니 나중에는 놀이가 되어 아프지 않아도 해달라고 졸랐다. 그 모습을 보면서 현대 의학에서 말하는 심리요법, 음악요법의 가장 이상적인 모습이 저렇지 않을까 생각한 적이 있다. 자신을 둘러싸고 있는 여러 명의 어른들이 따뜻한 얼굴, 부드러운 몸짓으로 노래를 불러주고 어루만져주는 것만으로도 웬만한 마음의 병은 멀리 사라졌을 것이다.

내가 어렸을 때도 어머니는 배가 아프다고 하면 '엄마 손이 약손이다'를 불러주셨다. 아주 따뜻한 분위기로 기억되는데 나도 그 느낌을 담아 아기 배를 문지르면서 노래를 불러주었다. 물론 노랫말은 '아빠 손이 약손이다'로 바꾸어 불렀다. 처음에는 아플 때 해주었지만 아기가 그 말과 몸짓을 놀이로 받아들인다는 것을 알게 되고부터는 틈만 나면 해주었다. 자연스러운 일상의 마사지였던 셈이다.

솔뫼를 기를 때 마사지 때문에 힘들었던 기억이 난다. 어느 날 퇴근한 아내가 '베이비 마사지'라는 책을 내밀었다. 아기의 뇌 발달, 정서, 심리, 인지 발달에 좋아서 요즘 서양에서 부모들이 많이 해주니 당신도 해주라는 것이었다. 그날부터 하루에 몇 번이고 마사지를 했는데 나도 힘들었지만 솔뫼가 자꾸 울어서 이게 과연 옳은 방법인지 의심이 생겼다. 내 경험으로는 눈을 맞추거나 옹알이를 할 때 아기가 집중하는 시간은 1~2초에 불과하고 그 시간이 지나면 고개를 돌려버린다. 그 짧은 순간의 상호작용도 아기의 뇌에는 부담이 되기 때문이다. 그래서 나는 아기가 고개를 돌리면 놀이하는 것이 힘들다는 것으로 생각했고, 다시 나를 볼 때는 놀이할 수 있는 마음상태가 된 것으로 받아들였다. 그런데 베이비 마사지는 그러한 아기의 호흡과 생활 장단을 고려하지 않고 긴 시간 동안 계속해야만 했다. 그것이 솔뫼에게 스트레스를 주어 칭얼대었고 나도 힘들 수밖에 없었다. 그런데 아내에게 그런 이야기를 하기가 힘들었다. 내 생각을 이야기하면 귀찮고 힘들어서 그러는 것이 아니냐는 핀잔만 들을 것 같았기 때문이다. 그래서 마사지 요법이 우리가 하는 육아법에서 도움이 되지 않는다는 근거가 필요했다.

먼저 유럽에서 마사지 요법이 어떻게 시작되었는지 알아보았다. 유럽에 아기 마사지가 널리 알려진 것은 1976년쯤이었다. 한 육아 잡지에 인도의 한 엄마가 아기를 마사지하는 사진과 함께 마사지의 효과에 대한 글이 실린 것이다. 땅바닥에 앉아서 아기 몸 전체를 마사지하는 사진은 유럽에서 큰 호응을 불러일으켰다. 아기 마사지가 육아 운동의 중요한 주제가 된 것이다. 어떤 이론이나 프로그램이 호응을 얻으려면 그 시대의 요구에 부응하는 것이어야만 한다.

유럽에서도 19세기까지는 엄마가 아기를 끼고서 생활했다. 울면 안아주고 젖을 주는 것은 본능에 의한 자연스러운 반응이기 때문이다. 그런데 19세기 들어 과학 지식으로 무장한 남성들이 육아 과정에 개입하기 시작했다. 그들은 자연스러운 육아 방법을 비과학적이고 위험한 것으로 비난했다. 파스퇴르와 코흐가 세균을 발견한 것이 결정적인 계기가 되었다. 당시에는 태어난 아기들 가운데 상당수가 태어난 지 얼마 안 되어 죽었다. 의사들은 그 원인을 세균 덩어리인 엄마가 가까이에서 안고 뽀뽀하는 비위생적인 행동으로 아기들에게 병을 전염시키기 때문이라고 주장했다. 아기를 죽이지 않으려면 안아주지 말아야 하고 뽀뽀를 해서도 안 된다는 것이었다. 하지만 아기와 본능적으로 애착을 형성하고 있었던 대부분의 부모들은 자신들이 아기들을 사랑하는 방식을 결코 포기하지 않았다.

이때 행동심리학자들이 소아과 의사들의 동맹자로 나섰다. 미국심리학회 회장이었던 존 왓슨은 어머니가 아기를 안고 흔들거나 응석을 받아주는 것은 아기를 나약하고 무책임하고 의존적인 사람으로 만드는 것이라고 거세게 비난했다. 그는 부모들에게 아기들의 응석을 받아주지 말고 아기의 행동을 통제해야 한다고 충고했다.

세균 덩어리인 데다가 아기를 나약하게 만드는 원흉이 된 엄마들은 전문가들의 비난과 사회적 압력 속에서 그들이 제시한 육아법을 받아들이기 시작했다. 아기 방을 따로 만들었다. 그럴 수 없으면 아기 침대라도 마련했다. 버릇이 나빠진다고 밤에는 젖도 먹이지 않았다. 이러한 육아법은 부모와 아기 사이의 소통을 어렵게 했고 육아를 전쟁터로 만들어버렸다.

내가 생각할 때 행동주의 심리학자들이 없애려고 했던 것은 사람의 본능이었다. 아기가 안기는 것, 만지는 것, 업히는 것, 흔들리는 것, 부모와 함께 있는 것, 밖에 나가는 것을 좋아하는 것은 본능에 따른 욕구이다. 부모가 아기를 돌보는 마음 역시 마찬가지이다. 그러한 본능을 부정하면 부모와 아기의 몸과 마음이 병들 수밖에 없다. 행동주의 프로그램이 가져온 가장 큰 재앙은 유럽과 미국의 많은 부모들이 아기를 대하는 본능과 함께 자신감을 잃어버리게 한 것이다.

1970년대에 존 볼비, 메리 에인스워스 등이 중심이 된 애착 이론이 등장하면서 행동심리학자들이 제시한 육아법에 대한 근본적인 반성이 나타났다. 문제는 부모와 아기의 유대를 회복할 수 있는 구체적인 방법이었다. 신체 접촉을 하면서 자연스럽게 아기에게 말을 걸고 반응할 수 있는 마사지 요법은 부모들이 자신감을 회복할 수 있는 중요한 통로가 되었다. 문제는 서구의 많은 부모들이 마사지를 하면서도 아기를 따로 재운다는 것이다. 부모랑 떨어져 있는 아기는 항상 스트레스를 받을 수밖에 없다. 마사지는 그 스트레스를 풀어주는 좋은 방법이지만 마사지를 받고 나서 아기가 다시 혼자 있게 되면 '약 주고 병 주는' 행태가 되풀이되는 것이다. 아니 그런 표현으로는 부족한 것 같다. '언 발에 오줌 누기'가 더 맞는 표현일 것이다. 많은 시간 떨어져 있으면서 받은 스트레스에 비해 잠시 동안 받은 마사지는 너무 적은 보상이기 때문이다.

항상 아기를 끼고 기르는 우리의 전통 육아법에서는 아기의 스트레스가 적을 수밖에 없다. 따라서 아기를 둘러싼 여러 명의 어른들이 아기에게 꼭 필요할 때 잠깐의 '쭈까쭈까' 놀이를 하고 '엄마 손이 약손이다'를 하는 것만으로도 스트레스를 풀어줄 수 있다는 것이 내가 내린 결론이었다. 다행히 아내도 내 생각에 동의했다. 우리 부부는 '쭈까쭈까'와 '엄마 손이 약손이다'를 더 자주 즐겁게 해주었다.

까꿍
-네 마음이 곧 내 마음

갓난아기의 웃음은 예쁘다. 우리 아이들도 태어난 지 얼마 되지 않아서 보는 사람이 예뻐서 어쩔 줄 모르게 하는 웃음을 잠결에 가끔 보여주었다. 장모님은 아이들이 그렇게 웃으면 "아이고 우리 애기 배냇짓하네." 하며 좋아하셨다. 그런데 자세히 관찰해보니 그 웃음은 주변 상황하고 아무 관계가 없는 것이었다. 내가 아기를 웃기려고 할 때에는 그런 웃음이 나타나지 않았다. 그래서 옛 어른들이 그 웃음을 '배냇짓'이라고 부른 것은 주변 사람들과 상호작용하면서 나타나는 웃음과 다르다는 것을 알고 있었기 때문이라고 믿게 되었다.

한뫼와 솔뫼가 우리를 보면서 먼저 웃거나 우리가 웃을 때 따라 웃은 것은 태어난 지 한 달 반쯤이 지나서였다. 어느 날 저녁에 집에 들어갔는데 아내와 한뫼가 서로 마주 보며 놀고 있었다. 그전에는 아기를 안고 있을 때나 젖을 먹일 때 서로 눈을 보고 있어도 어울림이 일어난다는 느낌은 약했다. 그런데 그날은 뭔가 달랐다. 문을 열고 들어간 내게 별 관심도 없이 서로에게 빠져 있는 느낌이었다. 그 이유를 바로 알 수 있었다. 한뫼가 나를 보고 처음으로 활짝 웃어주었기 때문이다. 그 초롱초롱한 눈동자와 마주치는 순간 한뫼와 내가 마음속으로 연결되었다는 느낌이 들었다. 내가 눈썹을 추켜올리면서 웃기려고 하자 다시 한 번 방실방실 웃어주었다.

한뫼가 그렇게 웃으니 아기에게 다가서는 내 몸짓도 더 활기가 생겼다. 한뫼한테 가까이 갈 때마다 "까꿍"이라는 말이 절로 나왔다. 한뫼의 주의를 집중시키거나 서로 즐겁게 얼굴을 마주 보고 놀 때 이 '까꿍'만큼 효과적인 것은 없었다. 한뫼, 솔뫼가 주도해서 하는 까꿍 놀이는 9개월이 지나서야 가능했다. 하지만 나는 아기한테 다가갈 때마다 '까꿍'이라는 말을 통해서 매 순간의 만남을 설렘과 기대로 채울 수 있었다.

까꿍 놀이는 여러 가지 방법으로 할 수 있다. 손으로 아기의 눈을 가렸다가 치우면서 할 수도 있고, 엄마, 아빠의 눈을 가렸다가 까꿍 할 수도 있다. 이불을 뒤집어쓰고 있다가 얼굴을 내밀면서 할 수도 있고, 커튼 뒤에 있다가 커튼을 치우면서 하는 것도 가능하다. 아기 뒤에 있다가 얼굴을 앞으로 내밀면서 하는 것도 아기가 좋아하는 방법이다. 그 밖에도 우리는 아내 뒤에 내가 숨었다가 까꿍 하는 놀이도 즐겨 했다. 솔뫼가 자랄 때는 '새 눈은 깜빡'이라는 노래를 하면서 까꿍을 했다. 동네 할머니에게 '새 눈은 깜빡, 울 애기 눈은 반짝'이라는 놀이를 배웠기 때문이었다. 놀이 방법은 두 가지가 있다.

① 아기를 등에 업고 위아래로 추스르다가 오른쪽으로 돌아 아기 얼굴을 한 번 보고 '새 눈은 깜빡' 하고 왼쪽으로 돌아보면서 '울 애기 눈은 반짝'이라고 한다.
② 앉아서 할 때는 손뼉 치고(새 눈은) 주먹 쥐고(깜빡), 손뼉 치고(울 애기 눈은) 주먹을 쥐었다가 활짝 편다(반짝).

'까꿍'에 대해서 말할 때 발달 이론에서는 대상 영속성을 강조한다. 어떤 사물이나 사람이 아기의 눈앞에서 사라진다 하더라도 없어지는 게 아니라는 것을 아는 것이 대상 영속성이다. 내 경험으로는 대상 영속성도 중요하지만 그보다는 부모와 아이가 서로 연결되었다는 느낌, 동시에 함께 참여하면서 함께 살아가는 존재로 느끼는 재미와 안정감, 유대감이 중요했던 것 같다. 노동은 교수의 『한국영아음악연구』(음악춘추사, 154쪽)에 나오는 까꿍 놀이에서 할머니가 하는 말이 그것을 잘 보여준다.

아가야 그저 다 잤어. 예뻐라 그저 잤어. 벼락 잠잤어. 더 자지 자고도 울지 않고. 아이 예뻐라 까꾸 까꾸…… 까꾸 까꾸…… 헤헤. 잘도 알아듣는다. 싱긋이 웃어 까꾸 까꾸 헤헤 아이 예뻐

라. 정기순(66) 전북 남원군 보절면

까꿍 놀이를 계속하다 보니 '까꿍'이라는 말이 무슨 뜻인가에 대해 생각이 미쳤다. 곰곰이 생각한 끝에 까꿍을 '까+꿍(궁)'으로 나누어 보았다. 그리고 두 낱말에 대한 뜻을 국어대사전(민중서원, 1994년)에서 찾아보았다.

'까다'라는 말은 '껍질을 까다', '껍데기를 벗긴다', '입을 되지 못하게 잘 놀린다', '재물이 줄어든다', '미리 쓴 것을 받을 것에서 제하다' 등 다양한 뜻이 있었다. 비슷한 낱말인 '까놓다'의 풀이를 보았더니 '껍데기를 까서 놓다', '마음속의 생각이나 비밀을 모두 털어놓다'는 뜻이었다.

'궁'과 관련된 토박이 낱말은 '궁글다', '궁글리다'가 있었다. '궁글다'는 '그릇 따위가 속이 너르다'는 것이고, '궁글리다'는 '너그럽게 생각한다', '순한 말로 구슬린다'는 뜻이 된다. '궁금하다'는 낱말도 '궁'으로부터 비롯된 말이라서 풀이를 찾아보았다. '어찌 되었는지 몰라서 마음이 답답하다', '속이 출출하거나 무엇이 먹고 싶은 생각이 난다'는 뜻이었다. 결국 '꿍(궁)'은 '생각, 마음, 속'을 나타내는 토박이말이라고 미루어 짐작할 수 있다. 이는 우리 낱말 가운데 '짝꿍', '꿍꿍이'라는 말 역시 마찬가지이다. '짝꿍'은 '마음이 맞는 친구', '꿍꿍이가 있다'라는 말은 '속으로 다른 마음을 갖고 있다'는 뜻이니까.

국어사전을 보면서 나름대로 뜻을 찾아본 것이고 이러한 풀이가 꼭 맞는다고 할 수는 없지만 우리 토박이말에 담긴 깊은 뜻을 찾는 것은 아주 재미있고 신기한 놀이였다.

우리 집에서는 '까꿍' 놀이가 '나 잡아봐라' 놀이로 이어졌다. 아내와 내가 아이들을 쫓아가면서 "한뫼 잡아라", "솔뫼 잡아라"라고 하면 아이들은 바짝 긴장하면서도 즐거움과 흥분이 가득 찬 표정으로 정신없이 도망쳤다. 스스로 말을 할 수 있게 되면서는 엄마와 아빠를 쫓는 시늉을 하는 것으로 우리를 놀이 세계로 초대했다. 그러면 우리는 "나 잡아봐라" 하면서 도망을 쳤고 아이는 열심히 뒤쫓아 왔다. 사냥감을 쫓고 있는 원시 시대 사냥꾼의 집중성과 긴장, 흥분이 저랬을까?

들강달강
-아름다움의 속살이 담긴 놀이

들강달강 서울가

밤 한 되를 팔아다가

살강 밑에 묻었더니

머리 깜은 새앙쥐가

들랑날랑 다 까먹고

다문 한 톨이 남았는디

옹솥에 삶을까

가마솥에 삶을까

옹솥에 삶아서

조리로 건질까

주걱으로 건질까

주걱으로 건져서

껍데기는 버리고

알맹이는 너랑 나랑 나눠먹자

들강달강 들강달강

아이고 우리 애기

다섯 달이 되자 손뫼에게 말을 걸면 고개를 돌리고 놀아달라고 손을 뻗었다. 누워 있을 때도 "자, 우리 애기 일어날까?" 하면 잡아달라고 손을 내밀었다. 그것을 보고 들강달강을 시작했다. 손을 잡고 "들강달강" 노래하면서 앞뒤로 흔들어주자 처음에는 어리둥절하더니 몇 번 하자 몸을 함께 흔들었다. 며칠이 지나자 들강달강 소리만 나도 기대에 찬 눈망울로 손을 앞으로 내밀었다.

들강달강은 아기가 베개에 기대어 앉아 있을 무렵에 시작할 수 있다. 앉은 상태에서 허리나 손을 잡고 앞뒤로 흔들어주는 놀이인데 손을 마주 잡고 흔들기 때문에 목, 어깨, 팔, 몸통, 허리, 다리 등 대근육과 소근육을 모두 사용해야 한다. 사람이 일어나서 걸으려면 몸의 모든 근육에 부드러움과 함께 힘이 붙어야 되고 통합적으로 조절되어야 하는데 들강달강은 그것을 기르는 데 아주 적절한 놀이이다.

들강달강은 각 지역에 따라 다양한 모습으로 나타난다. '시상시상'이라고 하는 데도 있고, '세상세상', '달궁달궁', '달공달공', '달랑달랑', '달캉달캉'이라고 하는 곳도 있다.

단동십훈에서는 이 놀이를 '시상시상 侍想侍想'이라는 한자말로 풀이한다. '아기 몸에 우주가 있으니 우주의 섭리에 순응하라'는 뜻이라고 한다. 나는 우리 토박이말 가운데 서로 손을 잡고 앞뒤로 흔드는 몸짓인 '시상질', '달강질'에 그 말의 뿌리가 있다고 생각한다.

들강달강을 할 때는 아이의 성격과 기질에 따라서 다르게 반응해주는 것이 좋다. 큰아이는 성격이 약간 급하고 외향적이어서 거칠게 흔들어주는 것을 좋아했다. 이와 달리 작은아이는 얼굴을 마주 보면서 부드럽게 흔들어주기를 바랐다.

아기 어르는 소리 가운데 우리 아이들이랑 가장 오래 즐겼던 놀이이기도 하다. 이 글을 쓰면서 한뫼한테 물어보았다.

"한뫼야, 너 들강달강 기억나니?"

"네, 기억나요."

"어떻게 했는지 이야기할 수 있어?"

"아빠랑 저랑 마주 앉아서 했던 놀이잖아요. 서로 발을 맞대고 하는 놀이인데 그때 저는 다리가 짧아서 아빠 다리 사이에 넣고 놀았던 기억이 나요."

"언제까지 했지?"

"초등학교 1학년 때까지도 한 것 같아요. 집에서도 하고 엄마 차 뒤 칸에서도 심심하면 했는데 하루에도 수십 번은 했던 것 같아요."

"그때 어떤 느낌이었니?"

"서로 눈을 맞추고 놀이를 하니까 하나가 된 느낌도 들었고, 서로 힘을 주고받으면서 하니까 기분이 좋았어요."

　내가 한뫼와 놀이, 나들이하는 것을 본 공동 육아 교사들이 그러한 내용을 바탕으로 교육과정을 만들어보고 싶다고 도움을 청한 적이 있다. 그들과 함께 놀이, 생태 교육 프로그램들을 바탕으로 한 공동 육아의 기본 교육과정을 만들었던 기억이 새롭다. 그 과정을 돌이켜 볼 때 가장 선명하게 떠오르는 장면이 성미산 우리 어린이집에서 아이들과 함께 한 들강달강 놀이였다. 우리 어린이집에 강의를 하려고 갔는데 아이들이 놀고 있었다. 다섯 살쯤 되어 보이는 여자아이가 혼자 있어서 말을 걸었다. "우리 들강달강 해볼까?" 순간 그 아이 얼굴이 환해지면서 고개를 끄덕였다. 들강달강을 하자 주변에서 다른 놀이를 하던 아이들이 하나둘 모여들더니 주변을 둘러쌌다. 수십 명의 아이들이 숨소리도 내지 않고 지켜보더니 놀이가 끝나자 하나둘 나도 해달라고 손을 내밀었다. 다 돌아가면서 한 번씩 들강달강을 했는데 그걸 보고 원장 선생님이 "역시 선생님은 다르군요."라고 하면서 감탄했다. 초기에 우리 어린이집은 교사와 아이들의 관계가 안정되지 않아 아주 힘들어했다. 아이들의 놀이 욕구에 제대로 반응하지 못했기 때문이다. 자체적으로 여러 가지 방법을 찾았겠지만 나에게도 아이들과의 소통 문제를 어떻게 풀어야 하는지 물어왔다. 그때 나는 교사들이 아이들과 개별적으로나 집단적으로 놀이할 수 있는 힘이 있어야 소통이 가능할 것이라고 말했다. 그 뒤 놀이 연수를 통해 아이들과 놀이할 수 있게 되면서 교사와 아이들의 관계가 안정되고 부모들도 어린이집에 대한 믿음을 갖게 되었다.

들강달강을 하면서 궁금했던 것 가운데 하나가 '노랫말에 왜 밤이 나올까?' 하는 것이었다. 나는 어렸을 때부터 밤이라면 알밤, 군밤, 삶은 밤을 가리지 않고 좋아했다. 가을이 되면 뒷산으로 밤을 주우러 가는 것이 일과였다. 손을 찔리면서 가시투성이인 밤송이를 막대기로 까면 반들거리는 밤톨이 나왔다. 딱딱하고 매끄러운 껍질을 벗기면 딱딱하지는 않지만 먹으면 텁텁한 맛을 내서 뱉어버리는 '보늬'가 드러난다. 보늬를 조심스럽게 벗겨야 마지막으로 알밤이 나오는데 그것이 얼마나 보기 좋고 맛도 좋았던지…….

밤을 그렇게 좋아했기 때문에 밤에 대해서 이리저리 탐색해보았다. 그 가운데 기억나는 것이 밤 한 송이에 달려 있는 가시를 전부 다 세어본 것이다. 처음에는 하나둘 세었는데 계속 잊어버려서 나중에는 열 개씩 모아놓고 그 묶음이 열 개가 되면 백으로 묶으면서 세어나갔다. 정확한 숫자가 생각나지는 않지만 그러한 묶음이 서른 개가 넘었던 것은 분명하다. 밤송이에 달려 있는 가시가 삼천 개가 넘을 것이라고는 생각도 못했기 때문에 많이 놀랐던 기억이 난다.

조금 더 자라서는 제사를 지낼 때 다른 과일과 달리 밤은 왜 껍질을 모두 깎아서 올려놓는지 궁금해졌다. 그래서 어른들에게 물었는데 누구도 자세히 답을 해주는 사람은 없었다.

그런데 아이를 낳아 기르면서 밤에 대한 또 다른 생각을 하게 되었다. 어른들이 아기를 예쁘고 야무지다고 칭찬할 때 꼭 알밤에 비유하는 것이었다.

"그놈 참, 알밤 같네."

"이놈 깎아놓은 알밤 같지 않아?"

옛사람들이 '예쁘다', '아름답다' 말할 때 그 뜻과 속살이 알밤에 닿아 있을 것이라는 생각을 해보았지만 더 깊게 파고들지는 못했다. 그런데 김수업 선생의 책 『우리말은 서럽다』(나랏말, 295쪽)에서 '아름답다'라는 말 풀이에서 해답을 찾을 수 있었다.

'아름'은 무엇인가? 그것은 '알암'이고, '알암'은 곧 '알밤'이다. '알밤'은 본디 '알봄'이었다가 '알붐'을 거쳐 '알움(알암)'이 되고, 이제 'ㅂ'이 사라지니까 'ㄹ'이 아래로 흘러내려서 '아룸(아람)'으로 바뀌고, 'ㆍ'가 사라지면서 'ㅡ'로 바뀌니까 마침내 '아름'이 되었다. 그런 사정은 한글을 만들어 쓴 15세기 뒤로 적힌 자료에서 뚜렷하게 드러나기 때문에 알 만한 사람들은 모두 아는 내용이다.

이렇게 '아름답다'라는 낱말이 '알밤'에 '답다'가 결합되어서 만들어졌다는 것을 알고 얼마나 반가웠던지. 내가 어렸을 때부터 알밤을 볼 때마다 맛있고 깨끗하고 예쁘다고 느꼈던 것이 겨레의 문화 심리와 닿아 있었던 것이다.

안타까운 것은 많은 인문학자들이 아름다움을 말할 때 한자말인 '아름다울 미美'를 풀이하는 것으로 이야기를 시작하는 것이다. 중국 사람들이 양털로 만든 옷과 양고기를 좋아해서 양이 크면 아름답다고 느낀 것이 아름다움에 담긴 뜻과 속살이라는 것이다. 우리말로 된 아름다움을 한자말을 빌려서 풀이하는 것이 과연 삶에 뿌리를 둔 인문학이라고 할 수 있을까?

들강달강에 나오는 밤은 우리 겨레의 아름다움에 대한 느낌의 뿌리가 할머니들의 입을 통해서 이어져온 것이다. 무의식적으로 세대를 이어오면서 공유된 그 느낌이 아이들을 들강달강 놀이에 빠져들게 하는 힘이라고 생각해본다.

도리도리
-눈 맞춤의 힘

"할머니, 옛날에 애기한테 도리도리 해주셨지요?"
"그럼 했지. 안 해주는 사람이 있었나?"
"어떻게 해주셨어요?"
"그냥 했어."
"그러지 말고 어떻게 했는지 직접 보여주세요."
"별걸 다 해달라고 해."

　도리도리도리도리
　우리 애기 잘한다
　뭐가 좋아 흔드나
　신이 나서 흔들지
　도리도리도리도리
　우리 애기 돌도리

할머니들에게 아기 어르는 소리를 배우는 장면이다. 도리도리는 누구나 아는 것이라고 생각해서 간단하게 확인하고 넘어갈 생각이었다. 그런데 놀랍게도 할머니 입에서는 노랫말을 제대로 갖춘 도리도리 소리가 흘러나왔다. 깜짝 놀라 그 자리에서 놀이를 배웠다. 노랫말뿐 아니라 할머니의 표정, 호흡, 숨소리까지도 따라 하려고 노력했다. 그리고 6개월쯤 된 한뫼 앞에서 도리도리를 시도했는데 몇 번을 해도 따라 하지 않았다. 멍하니 쳐다보거나 억지로 고개를 흔들 뿐이었다. 그래서 다시 할머니들한테 가서 물었다.

왜 가르쳐준 대로 했는데 안 되냐고 했더니 할머니가 어떻게 했느냐고 되물으셨다. "할머니 말씀대로 그냥 애기 앞에서 도리도리를 했지요."라고 했더니 직접 해보라고 한다. 내가 하는 모습을 지켜보시던 할머니가 혀를 끌끌 찼다. "그렇게 하니까 안 되지. 애기 눈도 못 맞추면서 무슨 도리도리를 해?" 하시더니 눈 맞추는 방법을 가르쳐주셨다. 할머니는 혀를 입천장에 부딪치면서 "똑, 똑, 똑" 소리를 냈다. 옆에 있는 할머니도 눈 맞추는 방법을 알려주셨다.

"자, 우리 애기 할머니 얼굴 봐야지, 그렇지, 그렇지. 어이고!"

집에 돌아와서 도리도리를 했더니 몇 번 만에 한뫼 눈이 초롱초롱해지면서 도리도리를 따라 했다.

이 과정에서 많은 것을 배울 수 있었다. 어떤 놀이를 할 때 시작하는 말이나 몸짓이 놀이를 하는 데 아주 중요하다는 것, 놀이를 통해서 감정과 마음을 나눌 때 눈을 맞춰야 한다는 것 등. 처음에 할머니들이 '그냥' 했다고 했는데 내가 아기랑 제대로 눈을 맞추기 전까지는 그 '그냥'이라는 말이 가진 뜻과 속살을 몰랐다. 엄마들은 아기가 태어나면서부터 아기랑 계속 눈을 맞춘다. 젖을 먹이면서, 기저귀를 갈면서, 옹알이를 받아주면서도. 친한 사람들끼리 이야기할 때도 여자들은 서로 눈을 마주 보고 이야기하는 경우가 많다.

남자들은 다르다. 무슨 이야기를 할 때 서로 얼굴을 보며 이야기를 하기보다는 같은 방향을 보면서 이야기하는 경우가 많다. 가까운 사이가 아니고서는 말할 때 눈을 피하거나 잠깐씩 마주칠 뿐이다. 나도 아기랑 놀 때 처음에는 눈을 맞추기보다는 힘으로 놀아주었다. 아기와 눈을 살갑게 맞출 수 있게 되면서 몸과 마음이 이어진다는 느낌이 살아났다. 요즘 감정이입 훈련 또는 공감 훈련 프로그램에서 강조하는 것이 눈 맞추기 eye contact이다. 하지만 공감 훈련에서 하는 눈 맞추기는 갓난아기 때 놀이하면서 하는 눈 맞춤의 효과를 절대 따라올 수 없다.

아기가 엄마한테 눈을 맞추는 것은 모든 감각을 총동원하는 몸짓이고 눈빛이며 삶의 요구가 집약된 것이다. 인생의 어느 시기에 이처럼 생명을 건 눈 맞춤을 시도할까? 연애 초기의 남녀들조차 그렇게 오랫동안 서로를 바라보지는 않는다.

첫아이를 기를 때 이런 깨달음이 있었기 때문에 둘째를 기를 때는 도리도리에 대한 아이의 호응을 쉽게 끌어낼 수 있었다. 물론 약간의 문제는 있었다. 한뫼와는 자진모리장단으로 도리도리를 했다. 그런데 솔뫼는 자진모리장단에 아예 관심이 없었다. 그래서 좀 더 빠른 휘모리로 해보아도 반응이 없어서 느린 중중모리장단으로 했더니 그제야 따라 했다. 한뫼와 솔뫼의 기질이 달랐던 것이다. 한뫼가 활달하고 외향적인 성격인 데 비해 솔뫼는 내향적인 성격이었고 뭐든지 느긋했다. 아이들과 도리도리를 각기 다른 장단으로 놀아본 경험을 통해 나는 아기 어르는 소리가 아이의 특성에 맞는 개별화 교육의 원리를 가장 잘 구현한 성장 프로그램이라는 것을 알 수 있었다.

한뫼와 달리 솔뫼는 내가 직접 길렀기 때문에 사회적 관계가 놀이에 미치는 영향도 확인할 수 있었다. 아내가 출근하고 한뫼가 유치원을 가고 나면 나와 솔뫼 둘만 남았다. 솔뫼가 심심해하면 이런 저런 놀이를 시도했는데, 둘이 있을 때는 신나게 놀지를 않았다. 그런데 형이 유치원에 갔다 오면 솔뫼의 태도가 달라졌다. 자기가 먼저 형한테 가서 도리도리를 하고 나한테 와서도 가끔 도리도리를 하자고 했다. 엄마가 돌아와서 온 가족이 둘러앉으면 나와 형, 엄마 앞을 돌아가면서 몇 번이고 도리도리를 했다.

언젠가 한 아기 엄마한테 자기랑 둘이 있을 때는 잘 놀지 않던 아이가 아빠가 돌아오면 활발하게 놀아서 화가 난다는 이야기를 들은 적이 있다. 엄마가 그런 사정을 남편한테 이야기하면 "이렇게 잘 노는데 무슨 소리냐"고 타박한다고 하소연했다. 그때는 그게 무슨 뜻인지 몰라서 웃고 말았는데 내가 비슷한 경험을 하고 나서야 그 엄마의 심정을 알 수 있었다.

왜 아기는 가족이 다 모였을 때 놀고 싶은 마음이 드는 것일까? 이것이 아이들을 기르면서 내 마음 안에서 만들어진 가장 중요한 물음이었다. 그 물음을 통해서 나는 한 사람의 정체성이 만들어지는 비밀스러운 과정을 알 수 있었다. 가족이 다 모였을 때 유독 그렇게 흥분하는 것을 보면서 솔뫼가 우리 가족을 다 알고 있을 뿐만 아니라 그 상황을 아주 즐거워한다는 것을 느낄 수 있었다. 나랑 둘이 있을 때 놀이에 적극적이지 않았던 것은 가족이 다 모인 상태에서 느낄 수 있는 설렘과 기대, 충만함이 없었기 때문일 것이다. 이는 개체적인 자기 인식을 가지고 있지 않은 갓난아기일 때도 사회적 정체성을 가지고 있다는 것을 보여주는 것이다. 가족이라는 동아리 안에서 서로 이어져 있다는 느낌, 함께 살고 있는 우리라는 감각을 아이는 놀이를 통해서 생생하게 경험하고 있었던 것이다.

심리학에서는 18개월쯤 되어야 자기에 대한 인식을 분명히 가진다고 이야기를 한다. 이러한 생각의 배경에 거울 실험이 있다. 아기의 얼굴에 점을 찍은 다음 아기가 거울을 만지는 것이 아니라 자신의 얼굴에 있는 점을 만질 때 비로소 자기 인식을 갖게 된다는 것이다. 나는 아기 어르는 소리를 통해서 사람은 개체적인 자기 인식이 아니라 공동체적인 자기 인식, 곧 우리에 대한 인식이 먼저 발생한다는 확신을 갖게 되었다. 관계가 먼저였다.

짝짜꿍짝짜꿍
-마음을 주고받으면서

짝짜꿍짝짜꿍
우리 애기 잘도 논다
짝짜꿍짝짜꿍
우리 강아지 잘도 논다
짝짜꿍짝짜꿍
짝짜꿍짝짜꿍 짝짜꿍

어렸을 때부터 놀이하고 일할 때 손을 많이 사용했지만 내가 사람의 손과 그 쓰임에 관해 깊은 관심을 갖게 된 것은 아기를 기르면서였다. 믿을 수 없을 만큼 작고 예쁜 아기 손과 앙증맞은 손놀림에 눈길을 빼앗겼기 때문이다.

태아는 엄마 뱃속에서 10주 정도가 되면 손가락으로 자신의 얼굴을 만질 수 있고 4개월쯤이 되면 열 가지 몸짓이 가능하다고 한다. 발차기, 목 돌리기, 발 구르기, 손을 입으로 가져가기를 할 수 있다는데 막상 태어나서는 왜 그런 몸짓을 보여주지 못할까?

한뫼와 솔뫼도 생후 2개월까지는 무엇을 스스로 쥐지 못했고, 누가 손에 무엇을 쥐어주어야 자동적으로 손가락을 오므리는 반사 행동만 했다. 인류 진화 초기에는 그러한 반사 행동이 생존을 위해서 필수적이었을 것이다. 어미를 따라서 이동하거나 천적을 피할 때 어미 몸에 난 털을 강하게 잡는 반사 행동이 살 수 있는 가능성을 높였기 때문이다.

2개월이 지나자 한뫼와 솔뫼는 손을 가지고 놀았다. 가장 먼저 한 손짓은 손을 입으로 가져가서 입술과 혀로 탐색하는 것이었다. 그다음에는 손을 앞으로 뻗었다.

4~5개월이 지나자 물건을 집어 들고 입으로 가져갔다. 어떤 때는 자기 손가락을 물끄러미 쳐다보았다. '이게 뭔가?' 관찰하는 느낌이었다. 내게는 아기가 자신의 몸을 관찰하는 최초의 순간으로 느껴졌다.

6개월이 되자 손을 뻗어서 물건을 잡는 것이 좀 더 자연스러워졌다. 양손 어느 쪽으로나 물건을 잡을 수 있었고 잡은 물건을 다른 손으로 옮기기도 했다. 목표물과 손을 동시에 보고 조작할 수 있는 힘을 갖게 된 것이다.

그런데 어느 날 한뫼가 두 손을 가슴으로 가져갔다. 그걸 보고 아내가 말했다. "여보, 얘가 이제 짝짜꿍할 때가 되었나 봐." 처음에는 한뫼를 내 무릎 위에 앉혀놓고 양손을 잡은 상태에서 짝짜꿍을 시켰다. 큰 방석으로 등을 받쳐서 안정적으로 앉을 수 있게 되었을 때에는 한뫼 앞에서 짝짜꿍을 하면서 놀이 세계로 초대했다. 솔뫼를 기를 때는 좀 더 세심한 상호작용을 통해서 짝짜꿍을 시도해보았다. 솔뫼 앞에서 엄마, 아빠가 서로 마주 보고 짝짜꿍을 하면서 거울 반응을 끌어내려고 한 것이다. 솔뫼는 더 빨리 짝짜꿍을 배웠다.

그런데 어느 날 짝짜꿍을 하다가 문득 '이 말이 무슨 뜻이지?' 하는 생각이 들었다. 어떤 사람들은 '짝짝쿵'이라고도 했는데 이는 우리가 손뼉을 칠 때 '짝짝' 친다는 말과 '쿵'이 결합되어서 만들어진 말이라고 보는 것이다. 소리를 흉내 내는 말로 보는 것인데 내 생각에는 '짝'과 '짜꿍'이 결합된 말인 것 같다. 국어대사전(민중서원, 1994년)에서 '짝'에 대한 정의는 다음과 같다.

① 둘이 서로 어울려서 한 벌을 이루거나 한 쌍이 되는 것, 또는 그중의 하나
② 한 쌍 가운데 하나를 다른 하나에 대해 일컫는 말

우리말에서 '짝'이 쓰이는 것을 살펴보면 '짝두름', '짝쇠', '짝춤' 등이 있다. '짝두름'은 전라 우도 농악에서 상쇠와 장고잽이가 마주 서서 치는 것을 말한다. '짝쇠'는 탈춤에서 두 등장인물이 재담 또

는 장단을 주고받는 것이다. 그 밖에도 '짝을 맞추다', '짝을 짓다', '짝이 맞다', '짝이 없다' 등이 있다.

'짜꿍'은 '짝꿍'에서 나왔을 것으로 생각된다. '짝꿍'은 우리말에서 서로 마음이 맞는 단짝을 이르는 말이다. 따라서 짝짜꿍은 서로 한 짝인 양손을 하나로 맞추어서 조화를 이룰 줄 알아야 한다는 뜻이 담겨 있는 것이다.

그런데 단동십훈을 말하는 사람들은 우리 토박이말인 짝짜꿍을 한자말인 작작궁 작작궁作作弓 作作弓으로 뒤쳐놓고(번역) 있다. '작작'은 짓는다는 뜻이고 '궁'은 사람의 속, 또는 마음이란 뜻이 있다고 한다. 따라서 짝짜꿍이라는 놀이에는 '사람이라면 속마음을 알아야 한다', 또는 '사람이라면 음양 조화를 알아야 한다'는 뜻이 담겨 있다는 것이다. 나는 그렇게 한자말을 끌어들이지 않아도 오랫동안 살아오면서 슬기를 길러왔던 할머니들이라면 그 짝짜꿍에 '남녀', '하늘과 땅', 또는 '친구 사이의 조화'라는 뜻과 속살을 담았을 것이라고 믿는다.

'짝짜꿍'이라는 말에 '이'가 붙어서 '짝짜꿍이'가 되면 '몰래 짜고 드는 일'을 말한다. '별일도 아닌 것을 가지고 짝짜꿍이 싸운다'라는 말이나 '쟤들은 뭔가 짝짜꿍이를 하고 있어'가 그런 뜻이다.

그 뜻과 속살이야 어쨌든 짝짜꿍을 배움으로써 한뫼는 이 세상의 공통언어를 배운 셈이다. 신이 났을 때, 기분 좋을 때, 상대방과 마음이 오가는 것을 느꼈을 때 우리는 손뼉을 친다. 자기도 모르는 사이에 치는 손뼉의 뿌리는 어렸을 때 배운 짝짜꿍이다. 짝짜꿍을 통해서 한뫼는 우리 음악의 가장 큰 특징도 배웠다. 앞에 강박이 확실히 들어가고 앞소리가 짧고 뒷소리가 긴 것이 우리 음악의 특징인데 짝짜꿍에는 그러한 음악 요소가 잘 담겨 있기 때문이다.

 짝짜꿍을 배우고 나서 한뫼는 다른 사람들과 마음과 몸짓을 나누는 데 자신감이 생겼다. 처음에는 엄마, 아빠가 하자고 할 때만 짝짜꿍을 하더니 익숙해지자 자기가 기분이 좋을 때면 엄마, 아빠 앞에서 손뼉을 쳤다. 조금 지나자 짝짜꿍이라는 말만 해도 손뼉을 쳤다. 자신의 행동과 낱말을 연결시킬 수 있게 된 것이다. 짝짜꿍이라는 낱말과 자진모리장단을 바탕으로 우리 가족은 같이 보고 느끼고 같은 몸짓을 하면서 서로의 마음을 깊고 두텁게 이을 수 있었다.

잼잼잼잼
-쥐기, 그 엄청난 도약

잼잼잼잼
엄마 따라 잼잼
아빠 따라 잼잼
고사리 손이 잼잼
쥐었다 폈다 잼잼
잼잼잼잼

짝짜꿍을 하면서 솔뫼의 손놀림이 점점 세밀해졌다. 실험정신도 강해졌다. 두 손으로 물건을 잡고 얼굴 가까이로 가져가는 행동을 되풀이하더니 언제부터인가는 물건을 집으면 계속 땅으로 떨어뜨렸다. 분명하지는 않지만 던지는 듯한 몸짓도 나타났다. 이러한 몸짓은 손가락과 손바닥 전체를 이용해서 물건을 잡는 움켜쥐기 기술이 발전할수록 더 정교해졌다.

움켜쥐기는 인류 진화 초기에 생존을 위해서 아주 중요한 역할을 했다. 호모 하빌리스 단계에 나타난 찍개, 호모 에렉투스 단계에 나타난 주먹 도끼의 손잡이 부분이 둥근 것을 발견할 수 있다 (그림 4). 이는 움켜쥐기 방법으로 이 도구들을 사용했다는 것을 보여주는 증거이다.

도구를 쓰는 것은 또한 공동체의 성장을 증명해주는 것이다. 유인원들은 도구를 거의 쓰지 않는다. 도구를 쓸 때도 자기가 먹기 위해서만 쓴다. 사람속 역시 호모 오스트랄로피테쿠스 단계에서는 각자 알아서 음식을 먹었을 가능성이 높다고 한다.

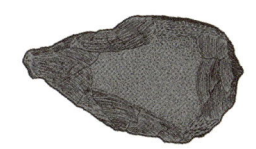

그림 4_연천 전곡리 주먹도끼

그러면 사람들은 언제부터 음식을 나누어 먹었을까? 원시적인 생활을 하는 부족을 관찰해보면 채집으로 얻은 음식은 가족끼리 먹지만 사냥으로 얻은 음식은 무리와 나누어 먹는 것이 일반적이다. 도구는 집에서 기다리고 있는 산모나 아기, 공동체 구성원들을 위해서 잡은 짐승을 부위별로 자르고 떼어내기 위해서 필요했던 것이다.

5~6개월이 되자 솔뫼는 엄지손가락과 집게손가락 사이의 손바닥을 이용해 눈앞에 있는 물건을 잡으려 했고, 다시 한두 달이 지나자 엄지손가락과 집게손가락, 가운데손가락을 이용해서 물건을 살짝 쥐었다. 살짝 쥐기는 섬세한 조작 활동의 전제가 되기 때문에

아주 중요하다. 병마개를 딸 때 어떻게 하는지 떠올려보자. 먼저 움켜쥐기를 통해 병마개를 돌리고 충분히 돌아서 빠질 정도가 되면 살짝 쥐기로 바뀐다.

살짝 쥐기를 하려면 손가락을 굽히고 펴고 돌리고 펼칠 수 있어야 한다. 이러한 섬세한 몸짓이 가능한 것은 우리 손이 여러 개의 뼈마디로 되어 있기 때문이다. 사람의 손은 스물일곱 개의 뼈마디로 이루어져 있다. 엄지손가락 뼈 두 개와 나머지 네 손가락의 뼈 3×4=12개이고, 손허리뼈 다섯 개, 손목뼈가 여덟 개다(그림 5). 그 많은 뼈마디와 그것을 지탱하는 근육과 힘줄이 조절될 때

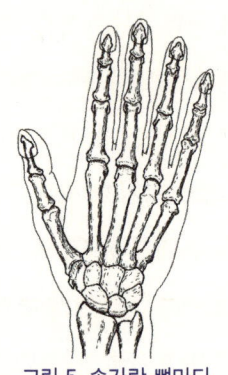

그림 5_손가락 뼈마디

살짝 쥐기를 통한 예술적인 활동이나 섬세한 손놀림이 가능한 것이다. 신경생리학적으로 보면 쥐는 몸짓은 그것이 가능하도록 신경세포 간의 네트워크, 곧 시냅스가 엄청난 속도로 만들어지기 때문에 가능한 것이다.

그러한 발달이 일어나는 시기에 우리 어머니와 할머니들은 아이들에게 '잼잼'을 해주었다. 사물을 가지고 노는 것이 아니라 서로 마주 보면서 거울 반응을 통한 상호작용 놀이로 발달을 부추겼던 것이다.

거울 반응은 내가 어떤 행동을 하거나 말을 할 때 또는 표정을 지을 때 활성화되는 신경세포가 다른 사람들이 행동하거나 말하는 것을 보면서도 똑같이 활성화되는 현상을 말한다. 그 신경세포를 마치 거울과 같은 반응을 보인다고 해서 거울 신경세포라고 한다. 신경세포 가운데는 시각, 촉각 등을 감지하는 '감각 신경세포', 근육에 명령을 내리는 '운동 신경세포', 운동을 계획하고 설계하는 '행동 신경세포'가 있는데 거울 신경세포는 행동 신경세포에 속한다. 거울 신경세포가 만들어내는 거울 반응의 힘으로 우리는 다른 사람의 마음을 이해할 수 있다. 엄마가 행복하고 즐거운 표정으로 어떤 행동을 하면 엄마의 신경 체계만 활성화되는 것이 아니라 아이의 신경 체계도 자동적으로 구성되면서 같은 느낌, 같은 감정을 갖게 되는 것이다.

처음 잼잼을 시도했을 때에 솔뫼는 몸짓을 따라 하지는 못했지만 엄청난 주의력을 가지고 나를 지켜보았다. 미약하기는 했지만 감전되듯 몸이 움찔하면서 공명하는 느낌이 들었다. 나는 그 미묘한 반응이 지닌 뜻과 속살을 거울 반응이 무엇인지 알고 나서야 제대로 이해할 수 있었다. 솔뫼가 몸짓을 따라 하지 못하는 것은 운동 신경세포가 근육에 명령을 내릴 수 없기 때문이었다. 하지만 감각 신경세포와 운동을 계획하는 행동 신경세포는 아이의 몸 안에서 이미 격렬하게 반응하고 있었던 것이다.

잼잼은 아기가 양손을 동시에 오므렸다 폈다를 되풀이하는 몸짓인데 각 지역마다 각기 다른 이름으로 불린다. 충북 청주, 괴산, 보은에서는 '잼잼잼'이라고 하고, 경기도 양주 수동면에서는 '쥐암쥐암쥐암'이라고 한다. 전남, 전북에서는 '좜좜좜좜', 또는 '쥐암쥐암쥐암', '죄암죄암죄암'으로 나타나고, 경북 예천에서는 '쪼막쪼막쪼막'이라고 했다.

잼잼에 재미를 붙이자 솔뫼는 시도 때도 없이 잼잼을 했다. 물론 잼잼이 없었어도 솔뫼는 무엇을 잡고 놓는 몸짓을 익혔을 것이다. 하지만 어떤 물건이나 장난감을 가지고 놀면서 익히는 것과 잼잼 놀이를 하면서 그 기능을 익히는 것은 엄청난 차이가 있다. 잼잼 놀이에는 관계와 신명이 있기 때문이다.

단동십훈을 이야기하는 사람들은 잼잼이 지암지암持闇持闇이라는 한자말에서 비롯되었다고 주장한다. 가질 지持, 어두울 암闇이라는 한자어인데 이를 풀이하면 '어둠을 가지다'라는 뜻이다. 다섯 손가락을 모으는 것은 만물의 근원인 오행을 모아 쥐고 두고두고 헤아리라는 뜻이라고 한다. 나는 잼잼이 우리말 '쥐다', 또는 '죄다'에서 나온 말로 생각한다. '죄암'은 '죄+암'으로 나누어 볼 수 있다. '죄'는 '조이다'의 줄임말이며 여기에 이름씨끝인 '암'이 붙어서 '죄암'이 되었을 것이다. '죄암죄암'이라는 말을 빠르게 하다가 '잼잼'으로 줄어든 것이 아닐까.

한뫼와 솔뫼의 몸짓과 표정은 잼잼을 하기 전과 그 이후가 많이 달랐다. 아빠와 엄마를 보는 눈이 깊어졌고 똘똘해졌다. 자기감정도 다양하게 표현했고, 아빠와 엄마의 표정과 몸짓을 관찰하면서 반응하는 속도도 더 빨라졌다. 그동안 느껴왔던 다양한 감각 경험을 더 빠르게 통합할 수 있는 힘이 신경계 안에서 만들어졌기 때문일 것이다. 뇌에서 어떤 것을 기억하고 분류하는 기능을 가진 기관을 해마라고 하는데, 해마는 8~9개월쯤 되어서 완전히 발달한다고 하니 시기적으로도 맞아떨어진다.

배운 내용을 분명하게 기억하고 반응할 수 있는 데다가 기어서 스스로 이동할 수 있게 되자 한뫼와 솔뫼는 아주 바빠졌다. 스스로 세상을 탐색하는 일에 재미를 붙인 것이다. 하지만 조금이라도 낯선 상황에 처하게 되면 엄마, 아빠에게 재빨리 돌아왔다.

낯을 가리게 된 것이다. 이는 낯가림이 낯선 세상을 탐색하는 과정에서 오는 두려움을 가장 가까운 사람의 지지와 위로를 통해서 해소하는 발달적 의미가 있다는 것을 보여주는 것이다. 낯가림은 한 사람과 맺는 깊은 관계의 시작이기도 했다. 낯가림은 '엄마, 또는 아빠하고만 있고 싶어', '엄마가 제일 중요해. 엄마도 나만 봐줘'라는 본능적인 의사표시였던 것이다. 그래서 우리 부부는 아기들의 낯가리기를 세상 사람들하고 관계 맺기 전에 부모와 먼저 깊은 관계를 맺으려는 욕구를 표현한 것으로 이해했다.

곤지곤지
-손끝에 닿는 모든 감각

　아홉 달이 되자 한뫼는 집게손가락으로 물건을 가리키기 시작했다. 그리고 손가락만으로 물건을 잡고 꼼꼼히 살폈다. 짝짜꿍과 잼잼 놀이가 손가락의 다양한 근육과 힘줄에 대한 조절력을 길러주었기 때문이다. 조금 지나자 엄지손가락과 집게손가락만으로 물건을 집었다. 이전에는 집지 못했던 작은 물건들을 젓가락으로 집듯이 들어 올릴 수 있게 된 것이다. 우리 부부는 아기가 삼킬 만한 것을 주변에서 치워야 했다. 단추나 핀, 동전 같은 것들을 입으로 가져가서 삼킬 수도 있었기 때문이다.
　그때부터 한뫼랑 곤지곤지를 했다. 곤지곤지는 누구나 다 아는 것처럼 오른손 집게손가락을 쭉 펴서 왼쪽 손바닥 가운데에 댔다 떼었다 하는 놀이이다.

　　곤지곤지 곤지곤지

곤지곤지 곤지곤지

곤지곤지는 이어지는 노랫말이 없다. 곤지곤지라는 말과 함께 손짓만 반복되는데 왜 그럴까 궁금해서 놀이할 때 내 몸의 상태와 아이가 놀이하는 모습을 살펴보았다. 다른 놀이를 할 때보다 내가 훨씬 더 집중해야 했다. 한뫼도 놀이 지속 시간이 짧았고 더 긴장한 모습이었다. 그래서 곤지곤지가 참 어려운 몸짓이라는 것을 깨닫게 되었다. 곤지곤지는 손목, 팔, 어깨에 있는 관절까지 적어도 30개 이상의 관절과 뼈마디, 50개 이상의 근육이 함께 움직여야 하는 복잡한 몸짓이다. 아기의 발달 수준으로는 그 몸짓을 따라 하는 것만으로 벅찼기 때문에 노랫말에 신경 쓸 여유가 없었을 것이다.

손의 진화 단계에서 엄지와 집게손가락을 활용한 집기가 가장 늦게 나타나는 것은 고고학 유물을 통해서도 확인할 수 있었다. 그 증거가 구석기 후기에 나타난 작은 돌날을 가진 석기, 무늬를 새기는 새기개이다. 돌날 석기와 새기개는 엄지손가락이 다른 손가락과 관계없이 움직일 수 있어야 될 뿐만 아니라 다른 손가락과 마주 볼 수 있을 때만 사용할 수 있다. 의심이 나면 손가락을 움직여 볼 것을 권한다. 엄지손가락과 다른 손가락은 움직이는 원리가 다르다. 다른 손가락은 굽혔다 폈다 하는 동작만 할 수 있는 데 비해 엄지손가락은 굽히고 펴는 것뿐만 아니라 돌리고 넓게 펴는 것까지 할 수 있다. 관절의 형태가 다른 손가락은 경첩 관절이고 엄지손가락의 관절은 안장 관절이기 때문이다. 손가락의 움직임을 관장하는 근육과 힘줄도 다른 손가락들은 함께 묶여 있는 데 비해서 엄지손가락은 따로 떨어져 있다(그림 6).

엄지손가락이 이렇게 중요하기 때문에 다른 손가락에 비해서 높은 가치를 인정받는다. 손에 심한 부상을

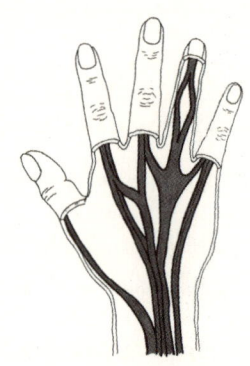

그림 6_손가락과 힘줄

입었을 때 다른 손가락보다 엄지손가락을 먼저 치료한다. 엄지손가락 하나와 다른 손가락 하나만 있어도 어느 정도 노동과 일상생활이 가능하기 때문이다. 생명보험회사에서도 엄지와 집게손가락의 기능을 완전히 상실하면 보험금 전액의 1/5을 지불하게 되어 있다.

곤지곤지를 할 때 특별히 기억나는 것은 솔뫼가 왼손가락으로 오른손바닥을 찔렀을 때였다. 아내는 그 모습을 보자마자 혹시 "솔뫼가 왼손잡이일까?" 하고 물었다. 그러고는 솔뫼가 왼손가락으로 곤지곤지를 할 때마다 반드시 고쳐주려고 했다. 아내가 왼손잡이라 어떤 상처가 있어 그런가 궁금해서 물어보았다.

"여보 왼손잡이라서 상처가 많은 것 같은데, 어땠는데 그래?"
"어휴~ 말도 마, 그 생각을 하면 속이 상해. 지금도 기억이 생생한 게 처음 연필을 잡고 글씨를 쓰기 시작할 때였어. 왼손으로 연

필을 잡기만 하면 엄마가 손등을 찰싹찰싹 때리셨어. 오른손으로 쓰라고. 나는 왼손으로 훨씬 잘 쓰는데 게다가 학교에 가서 어쩌다 왼손으로 글씨를 쓰면 선생님이 '너, 짝백이였어?'라며 이상한 표정으로 쳐다보는데 지금도 그 표정에 담긴 모멸감을 잊을 수 없어. 집에서도 마찬가지였어. 밥 먹을 때 왼손으로 숟가락질이나 젓가락질을 하면 아빠가 뭐라고 하셨어. 그래서 무섭고 눈치가 보여서 젓가락질을 못해서 반찬을 못 먹은 적도 많아."

"그때 부모님이나 선생님이 무슨 말을 하면서 왼손을 쓰지 못하게 했는데?"

"왼손잡이로 불편해서 어떻게 세상을 살 거냐는 거지. 실제로 학교에서 가위질할 때 많이 힘들었어. 왼손잡이용 가위가 없어서 조금만 가위질을 해도 손이 아파서 제대로 할 수 없었어."

곤지곤지는 아이들을 오른손잡이로 만들려고 하는 사회적 압력이다. 연구에 의하면 아이들이 왼손잡이인지 오른손잡이인지 그 성향이 분명해지는 것은 두 살 전후라고 한다. 곤지곤지를 하는 8~9개월 무렵에는 그 성향이 아직 분명하지 않을 때이다. 그럼에도 오른손을 사용하도록 강제하게 된 자연적, 사회문화적 요인이 무엇일까?

먼저 아기의 발달 단계에서 왼쪽보다 오른쪽에 더 신경을 쓰게 되는 자연적인 성향 같은 것이 있는지 찾아보았다. 아기가 왼쪽보다 오른쪽으로 눈을 돌리는 경우가 많다는 연구를 확인할 수 있었다. 그러면 당연하게 오른손으로 눈이 많이 갈 것이고 눈과 손의 협응은 오른손을 중심으로 이루어질 가능성이 높을 것이다.

엄마가 아이를 왼쪽 가슴으로 안고 오른손을 주로 사용해서 일하는 것도 요인이 될 수 있다. 왼쪽 가슴에 안기면 아기의 눈은 자연스럽게 엄마의 오른팔을 보기 마련이니까.

가장 큰 요인은 사회문화적인 압력이었을 것이다. 아내가 왼손을 사용하면 불편하다는 말을 장모님에게 많이 들었다고 했는데 이는 그분들이 도구를 사용하거나 일상생활을 할 때 왼손잡이가 불편하거나 위험했던 경험을 했기 때문이다. 나도 벼 베기를 할 때 왼손잡이가 옆에 있으면 항상 긴장할 수밖에 없었다. 오른손잡이용 낫을 든 왼손잡이는 주변 사람들에게 큰 위협이 되었다. 자기 발을 찍을 수도 있었고 오른손잡이들과 몸놀림이 엇갈리면서 주변 사람들을 벨 수도 있었기 때문이다. 왼손잡이는 군사 훈련에서도 문제가 되었을 것이다. 일사불란함을 요구하는 훈련에서 일부 왼손잡이들의 몸짓은 지휘자들에게 아주 거슬렸을 테니까. 이때 권력자가 왼손잡이를 위한 도구나 무기를 만들라고 명령할 수도 있었겠지만 그것은 비용이 드는 일이었다. 권력자는 그렇게 소수자를 배려할 필요를 느끼지 못했을 것이다. 왼손잡이를 위한 배려보다는 왼손 사용 자체를 없애는 것이 더 쉬웠을 것이다. 요즘처럼 사회가 민주화되고 사람들의 취향을 존중하게 되면 왼손에 대한 금기는 약해진다. 오늘날 서구에서 왼손잡이 비율이 빠르게 높아지고 있는 것이나 우리 사회에서 왼손에 대한 금기가 약해지는 것은 그러한 상황을 반영한 것이다.

단동십훈에서는 곤지곤지가 한자말인 땅 곤(坤)과 땅 지(地)로 이루어진 것이라고 한다. '땅의 이치를 본받아 음양의 조화를 이루며 덕을 쌓으라'는 뜻으로 그러한 몸짓을 가르친다는 것인데, 이러한 풀이에 동의하기는 어렵지만 나도 '곤지'가 토박이말로 어떤 뜻과 속살을 가지고 있는지 알 수 없어 안타까운 마음이다.

물리물리물리물리
-돌리고 또 돌려라

일제 강점기인 1930년대까지만 해도 우리 마을은 목화를 많이 심었다. 아버지 말씀을 들어보면 목화 농사를 안 짓는 집이 없었다고 한다. 그런데 외국에서 값싼 천들이 많이 들어오면서 목화로 돈을 벌 수 없어 내가 자랄 때쯤에는 동네에서 우리 집만 목화 농사를 지었다.

목화 농사를 지을 때면 나는 목화밭에서 놀았다. 목화는 참 신기한 꽃이었다. 마을 뒷산에서 보는 인동처럼 변신의 마법을 보여주는 꽃이었기 때문이다. 인동은 처음에는 흰색으로 피었다가 며칠 지나면 황금색으로 바뀌는 꽃이라서 금은화라고도 불렸다. 목화는 인동보다 더 신기했다. 오전에는 연노랑꽃과 분홍꽃이 함께 있었다. 그래서 나는 목화가 두 가지 꽃을 피운다고 생각했다. 그런데 어느 날 내가 눈여겨보았던 연노랑꽃이 분홍색으로 바뀐 것을 발견했다. 그래서 좀 더 자세히 관찰하기로 했다. 연노랑꽃에 끈을 달아놓고 하루 종일 확인해본 것이다. 꽃은 시간이 지나면서 아주 옅은 분홍색으로 바뀌더니 점점 그 색깔이 짙어졌다. 왜 그럴까 궁금증을 가지고 있다가 나이 서른이 넘어 그 까닭을 알게 되었다. 색소 때문이었다. 연노랑꽃에는 플라본 색소가 많이 들어 있는데 저녁이 되어 꽃이 시들면서 꽃 안에 있던 당분이 붉은색을 내는 색소인 안토시아닌으로 바뀌는 것이었다.

꽃이 피기 전에는 풀 뽑는 어머니 옆에서 놀았고 꽃이 진 다음에는 다래를 먹는 재미로 목화밭에 갔다. 목화 열매를 다래라고 하는데 달착지근해서 군것질거리로 좋았다. '달다'에 이름꼴씨끝인 '애'가 붙어서 '다래'라고 이름을 붙였을 것이라고 짐작한다.

열매가 터지면 흰 솜이 보이고 그것을 말려서 방앗간에 가서 타면 이불솜이 나온다. 예전에는 물레를 돌려서 실도 뽑고 베틀로 무명천도 짰다고 했다. 하지만 우리 집에서 거둔 목화는 이불과 베개에 넣는 솜으로만 사용되었다.

가을까지 제대로 익지 않은 열매는 햇빛에 말려서 겨울에 껍질을 까야 했다. 그런데 그 일이 쉽지가 않았다. 껍질이 워낙 딱딱해서 벗길 때 아주 아팠기 때문이다. 방 가운데 산처럼 쌓여 있는 다래를 보면 한숨만 나왔다. 그래도 가족이 모여서 즐겁게 일할 수 있었던 것은 아버지의 흥겨운 이야기 덕분이었다. 그 힘든 일이 "옛날 옛적에"로 시작되는 아버지의 말과 함께 신나는 이야기판으로 바뀌었다. 여우가 처녀로 변신한 이야기, 소금장수 이야기. 아버지 입에서는 이야기가 끝도 없이 흘러나왔다. 그 가운데 목화에 대한 이야기도 있었다. 내가 태어날 때까지만 해도 우리 마을의 분위기는 조선 시대와 크게 다르지 않았다. 우리 마을은 보성오씨 집성촌이었는데 다른 성씨와 오씨의 구성 비율이 반반이었다. 오씨와 다른 성씨들 사이에서 벌어진 싸움과 협력은 마을 사람들의 삶을 만들어가는 큰 줄기였다. 아버지는 6·25 이후 마을에 홀로 정착했기 때문에 어렸을 때 우리 동네에서 문씨 성을 가진 사람은 우리 가족뿐이었다. 그러한 상황이었기 때문에 동네에서 우리 집안 이야기를 들을 수는 없었다. 아버지가 집안 이야기를 해준 것은 주로 목화밭에서나 다래 껍질을 벗길 때였다. 목화와 관련된 여러 가지 이야기는 우리 성씨 이야기나 마찬가지였기 때문일 것이다.

우리 조상 가운데 익자 점자 익점 할아버지가 있었어. 고려 시대에 몽골이 우리나라를 지배하고 있었을 때 할아버지도 원나라에 가 있었지. 거기서 황제한테 미움을 받았나 봐. 교지라는 곳으로 귀양을 갔대. 지금의 베트남이야. 우리나라 군인들이 가 있는 땅 알지? 그런데 귀양을 마치고 돌아오다가 넓은 밭에 심어져 있는 꽃을 봤어. 무슨 꽃을 이렇게 엄청나게 심나 싶어서 이게 무슨 꽃이냐고 물었더니 목화 꽃이래. 그리고 목화 열매에서 솜이 나오고 그걸로 따뜻한 옷감을 만들 수 있는 데다가 아주 싸서 도움이 된다는 이야기를 들었지. 그래서 가져갈 수 있겠냐고 했더니 나라에서 씨앗을 다른 나라에 넘기거나 옷감 짜는 방법을 가르쳐주면 큰 죄가 되기 때문에 안 된다고 했다는 거야. 그래서 밤에 몰래 가서 솜 안에 들어 있는 목화씨를 찾아서 붓두껍 안에다 넣었대. 다행히 국경에서 걸리지 않아 장인과 함께 경상도 산청 땅에 심었대. 그런데 어떤 땅이 좋은지 몰라서 젖은 땅, 모래 땅, 진흙땅에 다 심어서 길렀는데 그중 한 포기만 살릴 수 있었다나 봐. 그래서 재배법은 알았는데 그다음에 그것을 가지고 어떻게 옷감을 만드느냐가 문제였지. 그것을 연구한 사람들은 익점 할아버지의 손자들이었어. 성이 다 외자인데 형은 문래, 동생은 문영이라는 이름을 가지고 있었어. 문래 할아버지는 솜에서 씨앗을 뽑는 씨아와 실을 뽑는 물레도 개량했나 봐. 그래서 실 뽑는 기계를 할아버지의 이름을 따라 물레라고 붙였대. 그 동생은 실을 뽑아서 천을 짜는 과정을 연구해서 드디어 성공했대. 그래서 사람들이 그 천을 할아버지 이름을 따서 문영이라고 했는데, 나중에 무명이 된 거야. 그렇게 문익점 할아버지가 목화 씨앗을 들여온 지 30~40년도 안 되어서 나라 사람 대부분이 무명옷을 입게 되었대. 우리나라 사람 가운데 문익점 할아버지의 덕을 입지 않은 사람이 없는 거지. 너희들도 그렇게 모든 겨레에 덕을 쌓는 사람이 되어야지.

아버지의 목화 이야기가 다시 떠오른 것은 한뫼가 태어난 지 8개월쯤 되어서 '물리물리'라는 놀이를 하면서이다. 물리물리는 두 팔과 손을 부딪치지 않고 원을 그리면서 돌리는 놀이이다.

물레 물레 물레야
물레 물레 물레야
물레 물레 물레야
물 물 물레야

이 놀이를 다른 고장에서는 '맘물레맘물레'라고도 하고, '돌레돌레', '둘레둘레'라고도 했다고 한다. 어떤 이름이든지 물레가 돌아가는 모습을 보고 이름을 붙인 것이라고 생각한다.

이 놀이는 곤지곤지와 함께 가장 발달된 소근육 놀이이다. 팔과 손의 세밀한 근육을 발달시키는 소근육 운동은 팔 휘두르기, 손 뻗기, 손 전체로 물건 잡기, 엄지손가락과 집게손가락만으로 물건 잡기 등으로 계열을 이루어서 발전한다. 물리물리는 그 정점에서 소근육 운동과 대근육 운동을 통합하고 조절하는 놀이라는 것이 내 생각이다.

우리 고장에서는 물리물리를 하면서 반대 방향으로도 팔을 돌렸지만 다른 지방에서는 '범버꿍이 범버꿍이'라고 하는 곳도 있었다. 범버꿍이는 '버꾸'라는 말에서 나왔다. 버꾸는 악기 가운데 '소고'를 말한다. 소고를 치는 사람을 '버꾸잡이'라고 하는데 소고 치는 몸짓 가운데 팔을 돌리는 듯한 몸짓이 있어 그것을 범버꿍이라고 했다는 것이다. 그런데 나는 아직 그 주장에 수긍할 수 없었다. 버꾸에 왜 범이 붙었는지를 설명할 수 없기 때문이다. 문득 '범벅'이라는 말에서 범버꿍이라는 말이 나온 것이 아닌가 하는 생각이 들었다. 그래서 '범벅'이란 말을 국어대사전(민중서원, 1994년)에서 찾아보았다.

① 호박, 무 등 채소 따위를 가루와 함께 버무리어 된풀처럼 쑨 음식
② 여러 가지 사물이 마구 뒤섞이어 갈피를 잡을 수 없게 된 상태
③ 온몸에 질척질척한 물질이 마구 잔뜩 묻은 상태

돌리는 몸짓이 마치 무엇을 섞는 몸짓과 비슷하기 때문에 '범벅+꿍이'라는 말마디를 만들어내지 않았을까 생각해본 것이다. 여러 지역에서 온몸에 음식을 가득 묻히고 있는 아이를 '범버꿍이'라고 부르는 것이 근거가 될 수 있다고 본다.

물리물리와 범버꿍이는 짝짜꿍보다 훨씬 더 어려운 몸짓이다. 사용하는 근육이 많아 신경 조절이 어렵다. 짝짜꿍과 물리물리를 직접 해보면서 비교해보면 알 수 있다. 물리물리를 할 때 더 많은 근육이 움직이는 것을 몸으로 확인할 수 있다. 가슴 근육, 배 근육,

어깨 근육까지 섬세하게 조절해야 한다. 속도도 빠른 데다가 돌릴 때 앞으로도 돌리고 뒤로도 돌리기 때문에 훨씬 더 집중해야 한다. 짝짜꿍은 얼굴을 보면서 즐겁고 편안하게 할 수 있지만 물리물리는 자신에게 집중하는 느낌으로 하지 않으면 안 된다. 이 놀이에 맛을 들이자 한뫼와 솔뫼는 끊임없이 팔을 돌리고 또 돌렸다.

불무불무 불무야
-생명의 풀무질

내 어렸을 적 그러니까 초등학교 2학년 때였던 것으로 기억한다. 일요일 아침에 눈을 떴는데 괘종시계를 보니 여섯 시였다. 아버지는 농번기에는 다섯 시쯤 일어나서 논밭으로 가셨다가 일곱 시가 넘어야 돌아오신다. 그래서 일찍 잠에서 깨면 새 울음과 어머니가 부엌에서 아침을 준비하는 소리만을 들을 수 있었다. 그런데 그날은 우리 집 마당이 사람들 목소리로 시끌벅적했다. 아버지와 어머니의 목소리는 물론 옆집 아저씨들의 목소리도 들렸다. 무슨 일인가 하고 나가보았더니 우리 집 소가 송아지를 낳고 있었다. 내가 나갔을 때는 막 뒷다리가 빠져나오는 순간이었다. 태어난 송아지는 온몸에 물기가 있었고 눈을 뜨지 못했다. 어미 소가 기운을 차린 뒤 온몸을 혀로 핥아주자 그제야 새끼는 눈을 뜨고 네 다리를 휘청거리면서 일어섰다. 그 뒤에도 어미 소는 송아지가 풀이 죽어 있을 때마다 혀로 핥아주었다. 그러면 송아지는 기운을 차려서 이리저리 걸어 다녔다. 그래서 어미 소의 혀와 침에는 송아지에게 힘을 주는 어떤 물질이 있지 않을까 궁금해하기도 했다.

몇 달 뒤 막내 동생이 태어났다. 어머니는 만삭인 상태에서도 아침밥을 짓고 있었고 나는 그 옆에서 아궁이의 불꽃을 보고 있었다. 그런데 갑자기 어머니가 "안 되겠어. 애가 나올 것 같애." 하면서 방으로 들어가셨다. 아버지는 큰누님에게 물을 끓이게 하고 가위와 세숫대야를 준비하셨다. 어머니가 방에서 힘을 쓰는 동안 나도 그 옆에서 어머니를 지켜보고 있었는데 15분쯤 지났을까? 아기가 머리부터 나오더니 쑤욱 빠져나왔다. 그러고는 얼굴을 찌푸리면서 "으앙" 하고 울었다. 내 인생에서 생명이 탄생하는 과정을 처음부터 끝까지 지켜본 첫 경험이었다. 나는 송아지처럼 막내 동생이 일어설 것이라고 생각했다. 하지만 막내 동생은 땅바닥에 눌어붙은 듯 움직이지 못했다. 울음을 터뜨린 막내 동생은 아버지가 탯줄을 자른 후 어머니에게 안겨주자 울음을 그쳤다. 그 뒤에도 막내 동생이 울 때마다 어머니, 아버지는 안아주고, 업어주었다. 부모가 아기를 안아주는 것과 어미 소가 혀로 핥아주는 것은 어린 내 눈에는 같은 뜻과 속살을 가진 몸짓으로 느껴졌다.

어머니, 아버지가 동생을 안아주는 것은 같았지만 놀이하는 방식은 여러 가지로 달랐다. 어머니는 조곤조곤 이야기를 해주거나 손으로 하는 놀이를 주로 했다. 이와 달리 아버지는 동생을 하늘에 던지거나 같이 뒹굴었고 업기보다는 목말을 태웠다. 아버지가 했던 놀이 가운데 내가 지금도 기억하고 있는 것은 불무 노래였다.

불무불무 불무야
불어라 딱딱 불무야
이 불무가 뉘 불무야
할아버지 불무로구나
한 짝 다리 번쩍 들고
두 짝 다리 번쩍 들고
불무불무 불무야
불어라 딱딱 불무야

불무불무는 아기의 두 겨드랑이를 잡고서 아기의 두 다리를 번갈아 오르내리게 하면서 불러주는 노래이다. 아버지가 겨드랑이를 잡고 "불무불무" 하기만 해도 막내 동생은 무릎을 굼실거렸다. 그리고 표정은 들떠서 풍선처럼 부풀었다. 나도 아이를 기르면서 불무 놀이를 했는데 우리 아이들도 마찬가지였다.

이러한 불무 노래는 각 지역마다 다른 모습으로 나타나는데 '불무불무야'라고 하는 곳도 있고, '불아 불아야', '불매 불매 불매야'라는 노랫말로도 나타난다.

단동십훈에서는 불아 불아를 아니 불弗, 버금 아亞로 해석한다.

버금이 아니라는 뜻으로 아기가 가장 소중한 존재라는 것이다.

나는 한자를 빌려서 그 뜻을 말하는 것보다는 '불무'라는 말이 우리 생활에서 갖는 뜻을 살펴보는 것이 바람직하다는 입장이다. 대장간에서 불의 온도를 높이기 위해 바람을 넣는 장치인 '풀무'를 발로 밟아주는데 그것을 '풀무질'이라고 한다. 이를 달리 '불무질'이라고도 하고, '부라질'이라고도 한다. 풀무의 옛날 말이 '불무'이다. 옛날 우리말에는 받침도 없었고, 'ㅋ', 'ㅍ'과 같은 거센소리가 없었다. 그래서 15세기 이전에는 코를 '고', 칼을 '갈'이라고 한 것처럼 풀을 '불'이라고 했다. 그 이전에는 받침도 없었으니 '부리', '부루'라고 했을 것이다. 불무 가운데 '무'는 옛 우리말 가운데 '무우다'에서 왔다. '무'는 무엇을 움직이게 한다는 뜻이니 '풀무질'은 '불을 움직이게 한다'는 뜻을 가지고 있는 것이다.

우리 문화에서는 불이 사람의 생명을 가리키는 말로 사용되기도 했다. 제주도 삼신 할망 본풀이를 달리 '불도맞이굿'이라고 하는데 여기서 '불'은 '아기', '인간', '생명'을 뜻한다. 불이 생명이라는 뜻과 속살을 가지고 있다는 것은 남성 생식기를 '불알'이라고 하고, 남녀 성기 언저리 두둑한 곳을 '불두덩이'라고 하는 것에서도 짐작할 수 있다.

불무 노래의 뜻과 속살은 이렇게 한자말 '불아'보다는 불에 담긴 우리말과 문화의 속살을 깊이 파고들 때 잘 이해할 수 있다. 하늘같이 소중한 아기를 불면 날아갈까, 쥐면 꺼질까 걱정하면서 그 생명의 불꽃이 더 힘차게 타오르도록 부채질하는 노래, 그것이 바로 불무 노래인 것이다.

야야 잘도 긴다
-기는 아기 부추기기

한뫼가 태어난 지 두 달이 좀 지난 어느 날, 아내가 흥분한 목소리로 말했다.
"여보, 애 좀 봐. 가슴을 들었어. 쳐다보는 눈이 엄청 예뻐!"
한 달이 더 지나자 아기는 팔뚝으로 몸을 지탱하면서 더 초롱초롱해진 눈빛으로 앞을 바라보았다. '자, 이제 내가 앞으로 간다!'라는 의지가 담겨 있는 눈빛이었다.
이처럼 아기가 자라나면서 보여주는 여러 가지 모습 가운데 부모를 가장 즐겁고 흥분되게 하는 장면은 무엇보다 운동 발달이다. 특히 대근육 운동이 그렇다. 대근육 운동은 목 가누기, 몸 뒤집기, 배밀이, 앉기, 기기, 서기, 걷기 등 몸통과 팔다리의 큰 근육들을 이용하는 운동을 말한다. 그러한 몸짓의 바뀜과 조절 과정은 인지, 정서, 지각 발달의 모든 측면에서 중요하다. 대근육 운동은 누워 있던 아기가 고개를 들어 올리려고 애쓰는 몸짓부터 시작된다.

뒤집어주면 가슴을 바닥에서 떼고서 앞을 바라볼 수 있다. 이렇게 목을 들고 앞을 바라보는 몸짓은 운동 발달에 아주 중요하다. 목을 들지 않고서는 눈과 손이 협응할 수 없어 기어 다니거나 걸을 수 없기 때문이다.

목을 든 다음에 한뫼와 솔뫼가 도전한 것은 몸 뒤집기였다. 온몸을 버둥거리면서 발로 공중을 비스듬하게 차는 몸짓이 오랫동안 이어졌다. 이러한 몸짓은 척추를 회전시켜 몸의 무게중심을 한쪽으로 옮길 수 있도록 근육의 유연성과 힘을 기르는 것이다.

어느 날 퇴근하고 집에 왔더니 한뫼가 몸을 뒤집고 초롱초롱한 눈으로 나를 바라보았다. 약간은 으스대는 듯한 표정으로 활짝 웃던 그 모습을 지금도 생생하게 기억하고 있다. 한뫼와 솔뫼는 새로운 운동 단계를 성취할 때마다 자부심이 넘치는 표정을 지었다. '이것 보세요! 내가 이런 것도 할 수 있어요.' 하는 의기양양한 얼굴로. 일시적으로만 그런 것이 아니라 새로운 운동 발달 단계에 올라설 때마다 표정이 분명해지면서 눈이 빛나고 더 똘똘한 얼굴로 바뀌었다. 그런 표정으로 우리를 보고 웃어주면 육아에 지쳐 있다가도 힘든 것을 다 잊어버리고 감동하게 된다. 그 작은 승리와 공감적 경험이 우리 부부를 지탱해주는 힘이었다.

얼마가 지나자 팔과 다리 힘을 이용해서 앞뒤로 흔들더니 앞으로 기기 시작했다. 한뫼는 배밀이를 하지 않고 팔다리를 이용해서 기기를 시작했다. 이와 달리 솔뫼는 두 팔로 버티면서 배밀이를 오랫동안 한 다음에야 무릎을 세워서 기었다.

문제는 처형이 걷기 연습을 하라고 사준 보행기였다. 나는 그때 보행기를 처음 보았다. 그런데 그 이름과는 달리 보행기는 아기가 걷기에 도움이 되는 기구 같지는 않았다. 걷기 위해서는 근육의 유연성과 균형감각을 길러야 하는데 그것은 아기가 충분히 기어 다닐 때만 얻을 수 있는 효과이다. 그런데 실제 보행기의 용도는 다른 것이다. 한뫼가 기어 다니면서 여기저기 위험한 물건을 만지자 아내는 자꾸 보행기 위에 앉혀놓으려고 했다. 보행기에 앉아서 멍하니 엄마, 아빠를 쳐다보는 한뫼를 보다 못해 보행기의 역사에 대해 알아보았다.

보행기는 처음부터 아기를 위한 것이 아니라 엄마가 집안일이나 밭일을 마음 놓고 할 수 있도록 만들어진 도구였다. 유럽의 주거 환경도 보행기를 탄생시킨 배경을 이루었다. 19세기 초까지만 해도 유럽의 시골집 바닥은 흙을 다져 만들었다고 한다. 차가운 땅바닥은 아기 건강에 나빴을 뿐만 아니라 아기 옷에 흙이 많이 묻었기 때문에 엄마들은 아기가 기는 것을 아주 싫어했다고 한다.

이러한 이야기를 아내에게 했더니 자신도 문제를 느끼고 있었다면서 바로 보행기를 치웠다. 우리의 온돌 문화에서 아기가 방바닥을 기는 것은 아기의 발달을 위해서도 좋을 뿐 아니라 위생상 아무런 문제도 일으키지 않는다는 것에 동의했기 때문이다. 덕분에 한뫼와 솔뫼는 방바닥에서 배밀이, 앞으로 기기, 뒤로 기기 등을 마음껏 할 수 있었다.

　아기에게 긴다는 것은 새로운 세상을 만나는 길이다. 가는 곳마다 다른 장면, 다른 물건이 있어 마음껏 탐색의 자유를 누릴 수 있는 기회이기도 하다. 다른 아이들처럼 한뫼와 솔뫼도 힘든 줄 모르고 땀을 뻘뻘 흘리면서 열심히 기어 다녔다. 그렇게 기어서 어떤 물건 앞에 가면 '이것 만져도 돼?' 하는 표정으로 엄마, 아빠를 바라보았다.

　이렇게 열심히 길 때 불러주는 노래가 '야야 잘도 긴다'이다.

　　야야 잘도 긴다
　　우리 강아지 잘도 긴다
　　야야 잘도 긴다
　　두꺼비보다 잘도 긴다

　아기 앞에서 눈을 맞추고 이 노래를 불러주면 활짝 웃으면서 더 신나게 기었다. 어떤 사람들은 이러한 놀이를 동작 훈련이라고 하지만 나는 그러한 생각에 동의하지 않는다. 아이의 성장 과정에서 그러한 동작 훈련이 과연 얼마나 필요할까? 기지 못하도록 묶어 놓지만 않는다면 아이는 내버려두어도 기게 될 것이다. 고개 들기부터 걷기까지 세상의 모든 아이들은 동일한 운동 발달 과정을 밟는다. 이는 운동 발달이 유전적 프로그램에 의해서 이루어지기 때문이다. 따라서 아기가 길 때 불러주는 노래는 동작 훈련보다는 어른들이 아기의 도전을 부추겨주는 뜻이 더 크다고 보아야 한다. 우리말 가운데 '호락질'이라는 말이 있다. 혼자서 하는 일을 호락질이라고 하는데 이 말에 담긴 뜻과 속살은 괴롭고 힘들다는 것이다. 무슨 일을 해도 우리나라 사람들은 친한 사람들과 함께 일하는 것을 좋아한다. 일의 결과에만 관심을 가진 것이 아니라 친한 사람들과 함께 일하는 즐거움, 하나 되는 느낌 그리고 일이 주는 성취감을 즐겼기 때문이다.

우리는 웬만하면 기저귀를 채우지 않았기 때문에 한뫼가 기기 시작하면서 항상 눈에 띈 것이 엉덩이에 있는 검푸른 몽고반점이었다. 몽고반점에는 재미있는 이야기가 담겨 있다. 옛날 사람들은 별이 아기를 점지했다고 믿었다. 북두칠성, 곧 칠석님이 탯줄과 명줄을 잡고 삼신할미인 삼태성이 자식을 간절히 원하는 집으로 밀어낸다는 것이다. 그런데 한국인과 몽골인 등 북아시아에 살고 있는 종족들은 삼신할미 말을 잘 안 들었나 보다. 아기를 밀어낼 때 나가지 않고 버티면 삼신할미는 엉덩이를 세게 때려주는데, 그때 맞은 자국이 멍으로 남은 것이 몽고반점이라니까. 이 반점은 과학적으로 보면 진피에 멜라닌 세포가 많이 모여 있는 것이 표피를 통해 보이는 것이다. 아기가 엄마 뱃속에서 생겨날 때 진피에서 만들어진 멜라닌이 표피로 이동하다가 멈추면 그것이 반점으로 남는 것이다. 유전적인 프로그램이 작동하는 과정에서 약간의 착오가

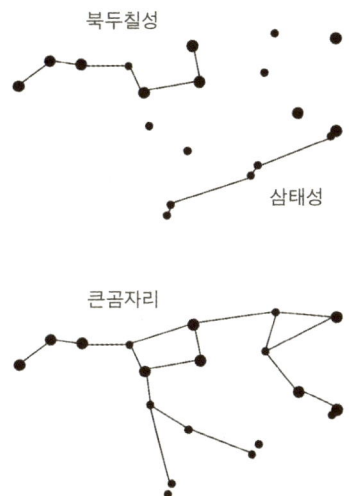

그림 7_동양 별자리(위)와 서양 별자리(아래)

생겼다고나 할까.

　옛사람들이 삼신할미라고 믿었던 삼태성은 어떤 별자리일까? 어떤 사람들은 장고자리, 서양 별자리로는 오리온의 허리에 있는 세 개의 별을 삼태성이라고 부른다. 이는 동양 별자리를 이해하지 못하기 때문인데 동양에서 말하는 삼태성은 큰곰자리의 발에 해당하는 별자리이다(그림 7). 고구려 약수리 고분벽화를 보면 북두칠성과 함께 세 개의 별이 그려져 있다(그림 8). 북두칠성과 삼태성이 사람의 삶과 죽음을 주관한다는 생각은 단지 이야기가 아니라 고구려 사람들의 생활과 신앙의 바탕이었음을 보여주는 사례이다. 고

천문학을 연구하는 학자들 중에는 북두칠성과 함께 그려진 세 개의 별을 북두삼성이지, 삼태성이 아니라고 주장하는 사람도 있다. 나는 그들이 말하는 북두삼성 별자리가 삼태성일 가능성이 많다고 믿는다.

그림 8_약수리 고분의 북두칠성과 삼태성

한뫼가 12살이 되었을 때 몽고반점과 북두칠성, 삼태성 이야기를 해주었다. 그리고 마당으로 나가 두 별자리를 함께 찾았다. 어둠 속에서 한뫼의 눈이 더욱 빛났다.

따로따로따로
-애착, 사람이 설 수 있는 힘

 아홉 달이 지나자 솔뫼가 옹알이하는 것만 봐도 무엇을 원하는 지 알 수 있었다. 그만큼 표정과 몸짓이 분명해졌고 내는 소리도 다양했다. 기분이 좋으면 줄이나 공을 가지고 와서 놀자고 하고, 내가 공을 굴려서 보내주면 다시 돌려주었다. 장난으로 공을 돌려주지 않으면 "바바바" 소리를 내며 손을 내밀었다. 한 번이 아니라 지속적으로 그러는 걸 보면 그 말과 표정이 공을 달라는 것이 확실했다. 가끔은 줄을 가지고 와서 한쪽을 잡으라는 듯 손짓을 했다. 내가 줄을 잡으면 잡아당겼다.
 낯가림도 나타났다. 여섯 달이 넘어서면서부터 낯선 사람을 보면 고개를 돌렸고 여덟 달이 지나자 낯선 사람을 보기만 해도 울었다. 왜 여섯 달부터 낯가림이 생기는 것일까? 여섯 달 이전에 낯가림이 별로 없다는 것은 진화적인 의미가 있다. 엄마가 죽어도 할머니나 이모, 고모가 돌보아줄 수 있다는 뜻이니 살 수 있는 확률을 높였을 것이다. 하지만 여섯 달이 넘으면 인지와 정서 발달이 궤도에 오르면서 한 사람과의 깊이 있는 관계 형성이 중요해진다. 가까운 사람들과 깊이 있는 애착이 형성되면 섬세하고 질 높은 지원을 받을 수 있는 가능성이 높다. 하지만 엄마, 아빠는 더 힘들어진다. 낯선 사람만 봐도 심하게 보채기 때문에 사람들이 많은 곳에 가게 되면 눈치가 보이기 때문이다.

그날도 아는 사람 결혼식이 있어서 아내랑 함께 갔는데 솔뫼를 돌봐줄 사람이 없어서 데리고 갔다. 아니나 다를까. 사람들을 보면 고개를 돌리고 엄마, 아빠 품에만 파고들었다. 안겨 있어도 편안해 하지 않고 온몸이 굳어 있었다. 긴장이 조금 풀린 것은 식당에 가서였다. 평상시 익숙한 사람들이 한 식탁을 중심으로 둘러앉으니 마음이 놓였나 보다. 밥을 먹고 조금 쉬고 있는데 나한테 와서는 손을 가리킨다. 그래서 "잼잼할까?" 했더니 고개를 가로저어서 "따로따로 할까?" 했더니 고개를 끄덕였다. 주변에 사람들이 많았지만 아이의 마음을 풀어주기 위해서 따로따로 놀이를 했다. 왼손으로는 솔뫼의 두 손을 모아 잡고 오른손으로는 두 발을 받친 상태에서 눈을 보니 벌써 흥분과 기대가 가득하다.

자, 우리 애기 따로따로 한번 해볼까?
따로따로따로따로따로!
짱짱하다, 짱짱해. 우리 아기 잘 선다!

점점 빨라지는 노랫말과 함께 솔뫼를 잡아 올려서 손바닥 위에 세우고는 손을 놓아주었다. 솔뫼는 발바닥에 힘을 주고 꼿꼿하게 2~3초간 서 있었다. "짱짱하다 짱짱해 우리 아기 잘 선다"는 그때 솔뫼를 부추기면서 한 말이다. 꼿꼿하게 서 있는 아이를 보면서 주변에서 "어머 쟤 좀 봐", "귀엽다", "신기하다"는 말이 들렸고 많은 사람들이 손뼉을 쳤다.

이 놀이를 경기도나 충청도에서는 '꼬누꼬누', '꼰노꼰노'라고도 하고, 전북 지방에서는 '고네고네', '꼬내꼬내'라고도 했다. '섬마섬마'라는 말과 함께 하기도 한다.

단동십훈을 말하는 사람들은 '섬마섬마'가 '서마서마西摩西摩'라는 한자말에서 말미암았다는 주장을 한다. 그 뜻을 어떤 사람은 '서쪽 나라와 문화를 경계해야 한다'라는 뜻이라고 하고, 어떤 사람은 '서쪽 나라의 문화를 배워야 한다'는 뜻이라고 하니 그 속살이 분명하지가 않다.

내 경험으로 이 놀이는 아이 발달에 있어서 특정한 시기에만 즐길 수 있는 놀이이다. 한뫼와 솔뫼는 태어난 지 열 달쯤에 이 놀이를 가장 좋아했다. 그런데 돌이 될 때쯤에는 이 놀이를 하기 어려웠다. 노래를 하면서 일으켜 세우려 해도 다리에 힘을 주지 않고 주저앉았기 때문이다.

이 놀이를 하면서 신기했던 것은 땅바닥에 세우려고 하면 못 서는데, 손바닥 위에서는 꼿꼿하게 서는 것이었다. 그 까닭을 곰곰이 생각해보다가 땅바닥에 서는 것이 아빠 손 위에서 서는 것보다 훨씬 더 어려운 몸짓이라는 것을 알 수 있었다. 땅바닥에 선다는 것은 스스로 자기 몸의 균형을 잡을 수 있어야 가능한 몸짓이다. 일어서기에 필요한 모든 근육이 발달해야 할 뿐만 아니라 그 근육이 대뇌피질의 운동 영역에 연결되고 능숙하게 통합 조절이 되어야 한다. 이와 달리 '따로따로'는 근육의 발달과 뇌의 연결이 막 시작되는 상태에서 가능한 몸짓이다. 아직 스스로 균형을 잡을 수는 없지만 온몸의 감각이 발끝에 집중되어 있을 때 아빠가 흔들면서 몸의 무게중심을 잡아주면 일어설 수 있는 것이다.

흔들면서 잡아주는 것이 왜 중요할까? 아기는 엄마 뱃속에서 열 달을 흔들리면서 살아왔다. 태어나서도 아기는 끊임없이 엄마, 아빠 품에서, 등에서 흔들리는 경험을 해왔다. 그러니 모든 아기들이 가볍게 흔들기, 위로 던지기, 업어주기, 안고 흔드는 놀이를 좋아하는 것이다. 이러한 전정 기능이 발달할 때 지구 중력의 속박에서 벗어나 바로 설 수 있는 힘, 곧 직립 보행을 가능하게 하는 조건이 된다.

또 하나 신기했던 것은 '섬마섬마' 할 때와 '따로따로' 할 때 아이의 몸짓이 달랐던 것이다. 따로따로를 할 때 아이는 발끝으로 온몸을 꼿꼿하게 세웠다. 하지만 섬마섬마를 할 때는 일어서 있기는 해도 몸을 바로 세우지 못하고 양다리를 벌린 상태로 엉거주춤 서 있었다. 따로따로를 할 때는 사람처럼 서 있지만 섬마섬마를 할 때는 유인원의 몸짓을 하고 있는 것이다.

중력의 영향을 받는 모든 물체에는 중력의 효과가 집중되는 점이 있다. 그것을 '무게중심'이라고 한다. 그 점에 물체의 전체 무게가 작용한다. 사람의 무게중심은 배꼽 주변이다. 그 배꼽 주변에서 그어 내린 수직선이 발바닥 안쪽에 있게 되면 사람은 설 수 있지만 그 수직선이 발바닥을 벗어나게 되면 넘어진다. 한 발로 서거나 발뒤꿈치로 서 있어 보면 이를 느낄 수 있다. 오래 서 있을 수도 없고 자세가 쉽게 흔들린다. 발바닥의 밑면이 아주 좁아 몸 중심에서 내린 수직선이 그 밑면을 쉽게 벗어나기 때문이다. 이러한 상태에서 바로 서 있으려면 어떻게 해야 할까? 무게중심을 낮추고 지탱면을 넓혀야 한다. 그 방법은 양다리를 벌리고 서는 것이다. 아이가 서 있을 때 양팔을 들고 있는 것도 중요하다. 이 역시 몸의 균형을 잡는 데 필요한 몸짓이다. 줄을 타는 광대가 막대기를 들고 있으면 균형을 잘 잡을 수 있는 것과 같은 원리이다.

일어선다는 것의 뜻과 속살을 자꾸 파고들다 보니 그 중요한 과제를 앞두고 낯가림이 생기는 것이 얼마나 중요한지 다시 한 번 확인할 수 있었다. 새로운 도전은 그러한 활동을 부추기고 온몸으로 함께 할 수 있는 믿을 수 있는 세상과 지지자가 필요하다. 누가 아니라 당신이 바로 그 과정을 지켜보고 도와주고 지지해주어야 한다는 것, 당신이 아니면 나는 시도할 마음이 생겨나지 않는다는 것, 그것이 바로 애착과 낯가림에 담긴 진화의 비밀이 아닐까.

질라래비 훨훨
-온몸으로 걸음마를 준비하다

그것은 우연한 마주침이었다. 햇살이 눈부신 가을 어느 날, 답사를 나섰다가 돌이 아직 안 되어 보이는 아기가 할머니랑 놀고 있는 모습을 발견했다. 둘이 서로에게 흠뻑 빠져 얼러주기도 하고 짝짜꿍도 하면서 한참을 그렇게 놀고 있었다. 그 한가하고 평화로운 장면을 아무런 생각 없이 한참이나 물끄러미 지켜보았다. 그러다가 문득 내가 가지지 못한 어떤 것이 있다는 생각을 하게 되었다. 나도 아이를 부드러운 눈으로 보고 즐겁게 얼러주며 놀이를 하기는 했다. 하지만 할머니가 만들어내는 부드럽고 따뜻한 어울림과 비교하니 딱딱하고 어설프다는 느낌을 지울 수가 없었다. 할머니가 평생을 통해서 몸에 익혀온 그 몸짓과 손짓, 표정은 아기를 위한 최고의 선물이었다. 내가 하는 몸짓이 이제 막 담은 김치라면 할머니의 몸짓은 잘 익은 김치처럼 자연스러워서 무의식까지 깊이 들어가 아이를 부추기고 치유할 수 있는 힘을 가지고 있는 것 같았다.

시간이 얼마나 지났을까. 할머니가 아기의 두 손을 잡고 일으켜 세웠다. 그러고는 아기의 두 손을 그대로 잡고 위아래로 흔들면서 노래를 했다.

질라래비 훨훨
질라래비 훨훨

아기는 할머니 노랫가락과 함께 활짝 웃었고 놀이가 끝나자 다시 하자고 손을 내밀었다. 질라래비 훨훨이 여러 번 되풀이되었는데 그때마다 아기는 함빡 웃는 얼굴이었다. 질라래비 훨훨이라는 놀이를 본 것은 그때가 처음이었다. 솔뫼가 태어난 해였으니 한뫼와는 질라래비 훨훨을 하지 못했다. 솔뫼는 다섯 달밖에 되지 않아서 바로 시도할 수 없었기 때문에 한뫼랑 질라래비 훨훨을 하면서 노는 방법을 만들었다. 함께 손을 잡고 앞으로 걸어가면서 질라래비 훨훨을 부를 때면 한뫼는 아주 신이 났다. 처음에는 질라래비 훨훨만 했지만 아이의 요구가 많아지면서 노랫말은 점점 늘어만 갔다.

질라래비 훨훨
질라래비 훨훨
고모네 집에 가자

이모네 집에 가자
질라래비 훨훨
질라래비 훨훨

한뫼는 질라래비 훨훨을 할 때마다 자기가 알고 있는 장소와 사람 이름을 대면서 노래를 불러달라고 했다. '고모네 집에 가자', '이모네 집에 가자' 뿐만 아니라 '할머니 집에 가자', '청주 집에 가자', '누구 이모네 집에 가자', '누구 형네 집에 가자', '○○아저씨 집에 가자' 하면서 공간에 대한 사랑과 자기가 알고 있는 사람들에 대한 기대와 설렘, 꿈, 희망 등을 마음껏 드러내었다. 그래서 이 놀이는 서로 얼굴을 마주 보면서 관계를 만들어가는 놀이이면서 우리가 살고 있는 장소에 대한 애착을 공유하는 놀이가 되었다.

아직 어린 솔뫼에게는 다른 방법으로 시도해보았다. 무릎에 앉히고 두 팔을 흔들면서 질라래비 훨훨을 불러주었다. 가끔은 형이 앞에서 손을 흔들어주면서 노래를 불러주기도 했다. 그렇게 놀다가 발에 힘이 붙기 시작한 열 달 무렵 아이를 일으켜 세워서 본격적인 질라래비 훨훨을 했다.

질라래비 훨훨을 하면서 솔뫼가 어떻게 놀이를 하나 그 몸짓을 자세히 살펴보았다. 그 결과 이 놀이는 갓난아기의 걷기 연습에서 아주 중요한 뜻과 속살을 가진다는 것을 알 수 있었다. 사람이 걸으려면 온몸의 균형과 손의 움직임이 중요하다. 질라래비 훨훨은 두 단계에 거쳐서 할 수 있는 놀이이다. 아직 걷지 못할 때는 세워 놓고 흔들어주는데 이러한 몸짓은 윗몸과 아랫몸의 균형을 잡을 수 있게 해준다. 사람은 걸을 때 뒤꿈치, 새끼발가락 부위, 엄지발가락 부위 순서로 땅에 닿는다. 앞으로 갈 때는 발가락의 관절을 구부리면서 엄지발가락과 두 번째, 세 번째 발가락으로 차고 나가는데 그것을 위해서 필요한 발가락 근육의 유연성과 힘을 길러주는 것이 질라래비 훨훨이다.

두 번째 단계에서는 어른과 아기가 손을 잡고 걸으면서 앞뒤로 팔을 힘차게 흔들며 노래를 부른다. 사람이 걷는 것을 살펴보면 오른발을 내디딜 때는 왼손을 내밀고 왼발을 내디딜 때는 오른손을 내민다. 만약 왼발이 나갈 때 왼손이 나가고, 오른발이 나갈 때 오른손이 나가면 두 가지 문제가 생길 수 있다. 먼저 에너지가 많이 소모되어 오래 걷기가 힘들다는 문제가 생긴다. 손과 발을 교대로 교차하는 것은 보기 좋으라고 하는 것이 아니라 에너지를 줄이는 가장 효율적인 방식이다. 의심스럽다면 100미터를 걸어보라. 불편하고 근육을 제대로 조절할 수 없어 걷기에 필요한 추진력을 얻기 힘들다는 것을 금방 느낄 수 있을 것이다.

걷다가 돌아서거나 방향을 바꾸기도 힘들다. 손발의 교차 운동을 통해 추진력을 만들어야 방향 전환을 쉽게 할 수 있기 때문이다. 아기가 어른보다 방향 바꾸기가 힘든 것은 이 때문이다. 온몸의 균형을 잡기 위해 양손을 들고 있어서 손을 앞뒤로 흔들 수가 없는 것이다. 아이들이 달릴 때 쉽게 넘어지는 것도 그러한 까닭이다. 손발을 제대로 교차하는 달리기를 하려면 다섯 살 정도가 되어야 한다. 그런데 질라래비 훨훨을 하면 걸을 때 엄마, 아빠가 손을 잡고 흔들기 때문에 손발의 교차 운동이 자연스럽게 연습된다.

질라래비 훨훨과 비슷한 놀이로 '장에 가자'와 '질 가자'가 있다. 역시 옆에서 손을 잡고 흔들어주는 놀이이다. 한뫼와 솔뫼는 어디에 갈 때 처음에는 '질라래비 훨훨'을 하자고 했다. '질라래비 훨훨'을 한참 하다 보면 점점 더 노래가 빨라진다. 그러면 한뫼와 솔뫼는 빠르게 손을 흔들면서 부르는 '장에 가자' 놀이를 하자고 했다. 단모리 장단으로 손을 앞뒤로 빠르게 흔들면서 "장에 가자 장에 가자 장에 가자"라는 노랫말을 되풀이하는 것이다. 마치 중독된 것처럼. 둘이 호흡과 걸음을 함께 하면서 하나가 되는 느낌이 그렇게 좋았나 보다.

단동십훈을 말하는 사람들은 '질라래비 훨훨'을 한자말 '질라비 활활의 疾羅胇 活活議'에서 나왔다고도 하고 '지라아비 활활의 地羅阿備 活活議'에서 말미암았다고도 주장한다. 그리고 그 뜻은 '어떤 병도 걸리지 않고 우주 만물의 이치를 깨달아 훨훨 날아 활기차게 자라'는 것이라고 풀이한다. 여기서 '질라래비'의 뜻이 무엇인지는 나도 잘 모르겠다. 어떤 사람은 '질라라비'가 경남지방의 사투리로 '잠자리'라는 뜻이 있다고 하고, 서정범 교수는 '길오라비 훨훨'이라는 말로 풀이하면서 '길오라비'는 '기러기'를 말하는 것이라고 주장하기도 한다. 국어대사전(민중서원, 1994년)에 나온 '훨훨'의 풀이이다.

① 날짐승 따위가 높이 떠서 느릿느릿 날개를 치며 시원스럽게 날아가는 모양
② 큰 부채나 어떤 물건으로 시원스럽게 부치는 모양
③ 옷 같은 것을 시원스럽게 벗어버리는 모양
④ 불길이 세차서 타오르는 모양

이 가운데 첫 번째와 네 번째가 '질라래비 훨훨'에서 '훨훨'의 뜻과 속살을 잘 드러낼 수 있는 풀이라고 생각한다.

들강달강처럼 질라래비 훨훨도 오랫동안 한뫼와 솔뫼가 즐겼던 놀이이다. 초등학교 1학년 때까지도 아이들은 아빠랑 어디를 갈 때마다 이 놀이를 하려고 했다. 어렸을 때 아빠와 하나의 마음으로 이어졌던 그 느낌을 다시 되살리고 싶었던 것일까.

섬마섬마
-땅을 딛고 당당하게 서다

태어난 지 여덟 달이 지나자 한뫼는 뒤에 베개를 받쳐주지 않아도 앉을 수 있었다. 혼자 놀 수 있는 힘도 생겨서 엄마와 아빠가 한두 시간을 이야기하고 있어도 예전처럼 방해하지 않았다. 가끔 가다 이름도 불러주고 말은 걸어주어야 했지만.

어느 날, 나무토막 몇 개를 주변에 놓아두었더니 눈을 반짝이며 기어갔다. 나무 조각 앞에서 잠시 나를 쳐다본다. '아빠, 나 새로운 것을 발견했어요. 이것 만져도 돼요?' 하는 눈빛으로. 고개를 끄덕여줬더니 나무 조각을 조심스럽게 만져본다. 몇 번을 그러더니 집어 들고 이리저리 살펴보기도 하고 떨어뜨려도 보면서 즐겁게 놀았다. 조금 있으니 나무 조각을 들어서 아빠에게 준다. 들고 있으니 다시 달라고 손을 내밀어서 돌려주었더니 이번에는 엄마한테 가서 나무 조각을 건넨다. 이전에는 장난감이나 사물을 가지고 놀 때 손을 뻗어 잡거나 한 손에서 다른 손으로 옮기면서 노는 것이 대부분이었다. 이제 물건을 매개로 해서 다른 사람과 상호작용하는 방법을 배우게 된 것이다. 그러다 기분이 나쁘면 가지고 있던 장난감이나 물건을 집어던졌다. 물건을 통해서 자신의 감정 상태를 표현할 수 있는 힘을 갖게 된 것이기 때문에 우리 부부는 예의 없어 보이는 그 모습을 얼마든지 참을 수 있었다.

모든 아이들이 그런 것처럼 한뫼도 배우는 힘을 타고났다. 주변을 탐색하고 배우려고 하는 모습은 태어난 지 몇 주도 안 돼서 시작되었다. 가끔 조용히 깨어 있는 상태에서 주변의 소리를 주의 깊게 듣고 엄마, 아빠의 얼굴도 자세히 살펴보았다. 엄마, 아빠의 얼굴과 목소리를 통해서 방향 감각과 거리 감각이 예민해졌고 안거나 업기를 통해서는 위치 감각도 익숙해졌다. 스스로 손을 뻗어서 사람과 물건을 잡게 되면서부터는 무엇이나 잡으려고 했다. 기어다니면서부터는 사람 관계든 물건에 대한 것이든 자기 스스로 탐색하고 소통하려고 하는 적극성을 보여주었다. 우리는 오랫동안 그 과정을 함께 하면서 아이에게 1차적인 놀이는 상호작용 놀이라는 것을 알 수 있었다. 우리 부부가 함께 놀이하면서 애착 관계를 만든 바탕 위에서 아기는 세상을 적극적으로 탐색했고 그때 찾은 사물로 놀이를 했기 때문이다. 사물 놀이는 사회적 상호작용 놀이로부터 딸려 나온 2차적인 놀이였던 것이다.

여덟 달이 되자 일어서기 위한 새로운 시도도 있었다. 내가 의자에 앉아 있거나 상을 펴고 책을 읽으면 손으로 의자와 상을 짚고 일어나려고 했다. 여러 번 실패를 하면서도 땀을 뻘뻘 흘리면서 포기하지 않는 모습이 대견했다. 저렇게 스스로 일어나려는 시도는 그것이 가능한 몸 구조가 갖추어지기 때문이라는 것도 그때 알았다.

어른들의 척추 뼈를 보면 목뼈와 허리뼈는 뒤로 굽어 있고, 등뼈는 앞으로 굽어 있는 S자형을 이루고 있다. 그런데 엄마 뱃속의 태아를 보면 S자 형이 아니라 C자 형태로 등뼈만이 앞으로 굽어 있다(그림 9). 이런 자세에서는 목도 허리도 모두 앞으로 구부러진 자세밖에 취할 수 없다. 아기가 3개월쯤에 목을 들 수 있는 것은 그때가 되어야 목뼈가 뒤로 구부러지기 때문이다. 7~8개월 무렵부터 일어서려고 하는 것도 허리뼈가 구부러지는 몸 구조의 변화가 시

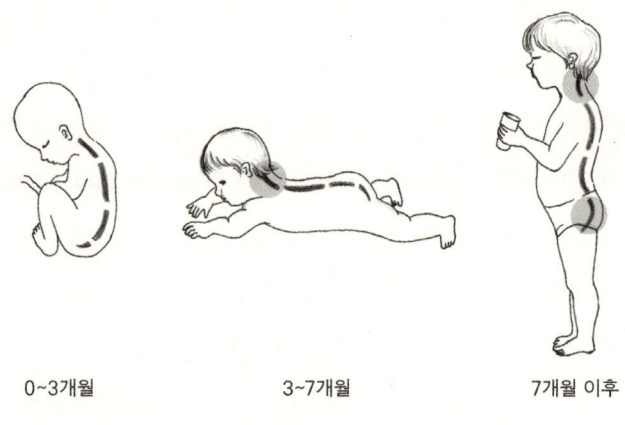

0~3개월　　　　3~7개월　　　　7개월 이후

그림 9_등뼈의 변화 과정

작되기 때문인 것이다. 이렇게 몸이 바뀌는 과정이 몇 달에 걸쳐서 이루어지기 때문에 솔뫼와 한뫼가 일어서려는 시도 역시 몇 달간의 시간이 필요했던 것이다. 그래서 이 시기 부모가 가져야 할 것은 인내심이다. 안타깝다고 해서 안아 올리는 것은 아이가 가진 내적 동기를 없애고 자존감에 상처를 줄 수 있기 때문이다.

한뫼와 솔뫼는 시도 때도 없이 계단이나 의자 위로 기어오르고 일어서려고 했다. 잠에서 깨어나자마자 기어오르는 시늉을 하기도 했다. 일어서는 것은 진화 과정에서 수만 년, 수십만 년의 시간을 통해서 이룩한 성취인데, 한 사람의 성장 과정에서는 1년 안팎의 시간을 통해 이루어지니 저렇게 절실하고 자발적인 욕구와 동기가 반드시 필요했을 것이라 짐작해본다.

그런데 태어난 지 열 달쯤 되던 어느 날, 놀라운 일이 생겼다. 한뫼가 의자를 향해 기어가더니 붙잡고 일어섰다. 그러고는 자랑스럽게 가족들을 쳐다보면서 활짝 웃었다. 그 모습을 보더니 아내가 "이제 섬마섬마 할 때가 된 것 같은데." 하더니 아이를 벽 가까이에 세워놓고 "섬마섬마섬마 우리 애기 용타." 하면서 손을 놓았다. 그런데 아직 준비가 안 되었는지 엉덩이를 빼고 주저앉았다. 그리고 1주일이 지났다. 그때도 가족이 다 모여 있었는데 오늘도 한번 해보자는 마음으로 벽에 세워놓고 노래를 불렀다. 처음처럼 바로 주저앉는 것이 아니라 1, 2초쯤 서 있다가 주저앉았다. 그다음에는 쉬웠다. 자기가 먼저 아빠 손을 잡고 벽 쪽으로 가자고 하고 "섬마섬마"라는 말만 들어도 엉덩이를 들썩였다. 2주쯤이 지나 아내가 새로운 시도를 했다. 방 한가운데로 데려가서는 아이를 세워놓고 "섬마섬마 용타." 하면서 손을 놓았다. 한뫼는 처음에는 불안한 표정으로 주저앉더니 몇 번을 시도하자 그 자리에 우뚝 서서 2~3초 동안을 버텼다. 그러고는 세상을 다 가진 듯 우렁차게 소리를 질렀다. '내가 드디어 해냈어! 내가 멋있지 않아.' 하는 표정으로 뽐내듯이. 뽐낸다는 말이 이렇게 잘 어울리는 상황도 없을 것이라고 나는 생각한다.

뽐낸다는 말은 '뽑다+내다'로 나눠볼 수 있다. '뽑다'라는 말은 '풀을 뽑다'처럼 무엇을 잡아당겨 끄집어낸다는 뜻이다. '내다'는 내놓는다는 뜻일 테니 자랑스러운 마음을 밖으로 뽑아내서 우쭐거린다는 뜻이다. 이 뽐냄이 이렇게 자랑스럽고 밉지 않은 것이 이때가 아니고 언제 있으랴. 그러고 보니 고개를 들고 앉고 기고 일어서는 대근육 발달상의 주요 사건들은 온 가족이 모여 있는 시간에 벌어졌다. 나는 그것이 우연이라고 생각하지 않는다. 온 가족이 모여 있을 때 아이의 성취에 대한 내적 동기가 더 강해지기 때문일 것이다. 온 가족이 손뼉을 치며 부추기는 것은 그 동기를 더욱더 깊고 크게 만드는 바탕이 되는 것이다.

걸음마 걸음마
-세상으로 나가는 힘찬 발걸음

솔뫼가 섬마섬마를 해내자 아내는 빨리 걸음마를 시키고 싶은 마음에 틈만 나면 "걸음마 걸음마"를 하면서 아이 손을 잡고 뒷걸음질을 쳤다. 걸음마 연습이 시작된 것이다. 어떤 학자들은 걸음마 연습이 별 도움이 안 될 것이라고 한다. 걸음마 연습이 의미가 있으려면 뇌 운동 영역의 흥분이 근육에 전달되어야 한다. 그 흥분을 전달하는 것이 '피질 척수로'인데 열 달쯤에는 피질 척수로가 연결되어 있지 않기 때문에 걸음마 연습을 하더라도 실제로는 도움이 되지 않는다는 것이다. 나 역시 뇌의 운동 영역과 피질 척수로가 걸음마 훈련으로 더 빨리 성숙할 것이라고 믿지 않는다. 하지만 걸음마와 관련된 또 다른 측면, 근육의 강화, 평형감각과 관련된 신경회로의 발달에는 도움이 될 것이라고 생각한다. 물론 아이가 싫어하거나 전혀 시도할 마음이 없는데 억지로 연습을 시키면 아이한테 좋은 영향을 미치기는 어렵겠지만.

다행히 한뫼와 솔뫼는 엄마와 하는 걸음마 연습을 좋아했다. 처음에는 어리둥절하면서 방바닥에 주저앉더니 며칠 지나자 엄마를 따라서 앞으로 걸었다. 걸음마를 할 때마다 가족 모두가 관심을 가지고 손뼉을 치며 부추겨주니 마냥 신이 난 얼굴이다. 한뫼도 틈만 나면 "나도 해볼게." 하면서 동생 손을 잡고 걸음마를 시켰다.

아기의 발달 가운데 운동 발달은 가족 모두를 흥분시키지만 그 가운데 걸음마만큼 가족 전체를 뜨겁게 달구는 사건도 없는 것 같다. 아마도 생물학적 진화와 문화의 깊은 뿌리로부터 나오는 반응이기 때문일 것이다. 사람이 선다는 것은 인간이 현재의 모습으로 진화하는 데 있어서 가장 중요한 사건이다. 다른 동물과 사람의 차이점을 말할 때 바로 서는 것과 함께 큰 머리, 곧 지능과 말, 도구의 사용을 든다. 그 가운데서도 가장 먼저 일어난 사건은 바로 서는 것이다. 인류고고학에 의하면 사람의 원시 조상이 설 수 있게 된 것은 400~500만 년 전의 일이다. 도구는 200~250만 년쯤에 사용하기 시작했다는 것이 정설이다. 유인원과 확실히 구분되는 큰 머리를 갖게 된 것은 100만 년 전이고, 말을 제대로 사용할 수 있게 된 것은 50만 년을 절대 넘을 수가 없으니 인간 진화에 관한 중요한 이정표들은 바로 서는 것으로부터 시작되었다고 해도 지나친 말이 아니다. 사람들이 누구나 아이가 일어서려고 하는 모습, 아장아장 걷는 모습에서 눈을 떼지 못하는 것은 인류 역사에서 그 몸짓이 가지는 뜻과 속살을 무의식적으로 공유하기 때문이 아닐까.

문화적으로 보아도 마찬가지이다. 아기 어르는 소리를 살펴보면 일어서고 걸을 수 있는 근육을 발달시키는 놀이가 많다. '쭈까쭈까', '짱짱하다 짱짱해', '불무불무야', '섬마섬마', '꼬누꼬누', '걸음마 걸음마', '질라래비 훨훨'이 다리 힘과 근육을 길러주는 놀이이다. 이러한 놀이를 하면서 가족들은 아이가 일어서고 걷는 과정을 설렘과 기대, 기쁨과 놀라움으로 함께한다. 오랫동안 온 가족이 일어서서 걷기를 함께 기대해왔으니 아기가 걸음마를 시작할 때 온 가족이 흥분의 도가니에 빠져드는 것은 너무도 당연한 것이다.

그런데 "걸음마 걸음마" 노래를 하면서 걸음마를 시키다가 뭔가 부족한 것이 느껴졌다. 그렇게 중요한 걸음마에 겨레의 꿈과 소망이 담긴 노랫말이 없다는 것이 이해가 되지 않았기 때문이다. 그래서 음성에 사시는 고을출 할머니를 찾아갔다. 경로당에 계셨는데 마침 할머니들 십여 명이 둘러앉아서 이야기를 하고 계셨다.

"할머니, 걸음마 할 때 어떻게 하셨어요? 그냥 '걸음마 걸음마'만 하셨나요?"

"나는 '걸음마 걸음마 불무 딱딱 와라, 걸음마 걸음마 불무 딱딱 와라'라고 했지."

옆에 계신 할머니도 한마디 하셨다.

"나는 '걸음마 걸음마 우리 애기 잘한다 걸음마 걸음마 아장 아장 잘 걷는다'라고 했는걸."

"그러면 그보다 좀 더 긴 노랫말로 하신 것은 없었나요?"
"글쎄······. 어, 생각나네."

걸음마 걸음마
우리 아기 걸음마
한발짝이 금이냐
두발짝이 금이냐
금을 준들 너를 사며
은을 준들 너를 사랴
걸음마 걸음마
우리 애기 걸음마

그렇게 배운 걸음마 노래를 한뫼에게 불러주었더니 확실히 효과가 있었다. 걸음마 걸음마만 할 때보다 훨씬 더 재미있고 흥겨운 분위기가 살아났다. 그렇다고 첫걸음을 쉽게 뗀 것은 아니었다. 한뫼가 첫걸음을 뗀 것은 돌잔치 날이었다. 돌잔치는 새로 태어난 아이가 마을의 구성원으로 받아들여지는 날이다. 아이가 태어나면 백일에는 일가붙이들을 불러서 잔치를 하고 돌이 되면 마을 사람들을 모두 부른다. '이제 이 아이가 돌이 되었으니 마을 사람으로 받아들여주소'라는 뜻으로 잔치를 여는 것이다.

한뫼 돌잔치는 집에서 했는데 어머니가 편찮으셔서 마을 사람들을 다 부르지는 못하고 떡만 돌렸다. 그래도 가까운 마을 사람들은 와서 축하를 해주었는데 돌잔치의 꽃인 돌잡이에서 한뫼는 연필을 집고 두 번째에는 돈을 집었다. 모두 즐거운 반응이었지만 계속 방에만 있으니 한뫼가 지루한지 밖으로 나가자고 칭얼댔다. 안고서 백여 미터쯤 걸어가니 마을 삼거리가 나왔다. 아이를 세워놓고 "이제 돌이 되었으니 한번 걸어봐."라고 했다. 잠시 멈칫거리던 한뫼는 뭔가 집중하는 표정을 짓더니 한 걸음, 두 걸음 발걸음을 떼었다. 불안과 아빠에 대한 믿음이 뒤섞인 얼굴로 아빠를 향해 뒤뚱뒤뚱 걸어왔다. 세 걸음을 떼더니 앞으로 넘어지기에 바로 잡아주었다. 이 첫걸음을 떼기 위해 얼마나 많은 장애물을 넘어왔던가! 생각해보면 이 지구 자체가 아이에게는 장애물이었으니. 지구와의 한판 씨름에서 이긴 한뫼가 아빠 품에서 자부심에 찬 얼굴로 크게 소리를 질렀다. 마치 '내가 한뫼다! 나도 이제 걸을 수 있다!'라고 세상에 선언하는 것처럼.

   아이가 첫걸음을 떼는 지난한 과정을 지켜보면서 운동 발달 가운데서도 걷기가 가장 늦은 이유가 무엇인지에 대해 생각해보았다. 신경생리학을 공부하면서 그 이유를 알 수 있었다. 신경계는 척추, 뇌간, 대뇌변연계, 대뇌피질 순으로 아래에서 위로 발달하지만 운동 영역은 머리, 목, 팔, 다리 순으로 위에서 아래로 발달한다. 걷기가 마지막에 발달하는 것은 그 모든 발달이 바탕이 되었을 때만 가능한 복잡한 운동이기 때문이었다.

아기들이 걷는 모습과 어른이 걷는 모습이 왜 다를까 하는 것도 궁금했다. 갓난아기의 걸음을 아장거리며 걷는다고 하는데 그 특징을 보면 팔은 날갯짓을 하듯 쳐들고 두 다리는 벌리고 두 발은 앞을 향하는 것이 아니라 나팔처럼 옆으로 벌어진다. 이것은 아기를 길러본 사람이라면 누구나 알 수 있는 사실이다. 그런데 한뫼가 걷는 것을 자세히 살펴보다가 발의 앞부분부터 땅에 닿고 뒤꿈치가 그 뒤에 닿는 것을 발견할 수 있었다. 어른들이 걸을 때 뒤꿈치부터 딛고 새끼발가락 부위, 엄지발가락 부위 순으로 땅을 밟는 것과는 많이 달랐다. 오랜 공부 끝에 아기가 발끝부터 땅을 딛는 것은 아직 발뒤꿈치 뼈와 그 뼈를 움직이는 근육이 제대로 성숙하지 않아서라는 것을 알 수 있었다. 사람이 걸을 때는 매 순간 몸무게가 한쪽 발에만 실린다. 그 발 가운데서도 뒤꿈치에 50%의 힘이 실리는데 이 뒤꿈치 뼈에 힘을 주는 근육이 아직 발달하지 않아 발가락부터 조심스럽게 땅을 디디는 것이다. 어른들도 어두운 곳에서 계단을 내려갈 때면 자신도 모르게 발가락 먼저 땅을 딛는다. 아기가 처음 걷는 것은 어른이 어두운 곳에서 계단을 내려가는 것보다 훨씬 더 위험한 몸짓이라는 것을 이러한 관찰을 통해서 알 수 있었다. 그래서 걷는다는 것은 혼자 할 수 있는 것이 아니라 엄마, 아빠의 사랑과 자신을 부추겨주는 사람들에 대한 믿음 속에서 가능한 몸짓인 것이다. 걸음마 놀이의 위대함이여!

즐거운 똥오줌 가리기
-꼬부랑 할머니, 단지 팔기

나이를 먹어 갈수록 잊히는 것이 아니라 더욱 또렷이 살아오는 어렸을 적 삶의 장면을 누구나 가지고 있을 것이다. 나도 그렇게 아련하고 가슴을 따뜻하게 하는 마음속 그림을 가지고 있다. 수북하게 쌓인 목화다래 앞에서 들려주시던 아버지의 옛날이야기, 추석날 배나무 앞 큰 마당에서 마을 누나가 이끌던 강강술래, 마실 갔던 어머니가 집에 돌아오며 들려주시던 삼태성 이야기.

아기를 기르면서 손에 잡힐 듯 생생하게 떠오른 또 하나의 장면은 어머니가 막내 동생에게 꼬부랑 할머니를 들려주시던 모습이었다. 내가 살던 집은 초가집이었고 집 서쪽으로는 소를 기르던 외양간과 돼지우리, 그 옆으로는 화장실과 퇴비를 만들던 두엄탕이 있었다. 막내 동생이 두 돌쯤 되었을 무렵이었다. 똥이 마려우면 얼굴을 찡그렸는데 그때마다 어머니가 두엄탕 앞으로 데리고 가서 들려주시던 노래가 꼬부랑 할머니였다.

꼬부랑 꼬부랑 할머니가
꼬부랑 치마를 입고
꼬부랑 지팡이를 짚고
꼬부랑 나무에 올라가서
꼬부랑 똥을 누니까
꼬부랑 개가
꼬부랑 꼬부랑 올라와서
꼬부랑 똥을 먹으니까
꼬부랑 할머니가
꼬부랑 강아지를
꼬부랑 지팡이로 탁 하고 때려주니까
꼬부랑 강아지가
꼬부랑 깨갱 꼬부랑 깨갱
내 똥 먹고 천년 살지
니 똥 먹고 만년 사나
하면서 꼬부랑 꼬부랑 도망가버렸대

막내 동생은 그 노래가 끝났을 때쯤 되면 똥을 다 누고 기분 좋은 얼굴로 어머니를 보았다.
나는 한뫼와 솔뫼가 기저귀를 차지 않으려고 할 때부터 변기 위에 앉혀놓고 꼬부랑 할머니 노래를 불러주었다. 그 효과는 아주 좋왔다. 지금도 똥오줌 가리기에 대해 이야기할 때면 아내가 하는 말이다.

"생각해보면 당신이 한뫼하고 솔뫼가 변기 위에 앉는 것을 즐겁게 만들었던 것 같애. 애들이 꼬부랑 노래를 부르면 함께 꼬부랑 꼬부랑 소리를 하면서 힘을 주었고 보통은 노래를 다 부르기 전에 똥을 누고 아주 기분 좋은 얼굴로 웃었던 기억이 나거든……."

똥오줌 가리기를 할 때 빠른 아이는 12~18달이면 가리지만 대부분의 아이들은 18~36달이 되어야 가린다. 전통 사회에서는 아이들이 스스로 가릴 수 있도록 도움을 주었지 억지로 훈련을 시키려고 하지 않았다. 그런데 1960~1970년대 미국에서 돌도 안 된 아이들을 변기 위에 올려놓는 똥오줌 가리기 훈련이 생겨났다. 물론 그러한 시도는 인간의 본성에 대한 도전이었다. 우리말에 똥오줌을 '싼다'는 것은 스스로 다스리지 못하고 그냥 내보내는 것을 말하고 '누다'라는 말은 스스로 다스려서 잘 내보내는 것을 뜻한다. 이 차이는 괄약근을 스스로 조절할 수 있도록 우리 뇌의 운동 영역이 얼마나 명령을 빠르게 보낼 수 있느냐에 달려 있다. 따라서 아직 괄약근을 조절할 수 없는 아이가 똥오줌 가리기 훈련을 받으면 스트레스를 받을 수 있다. 그 결과는 야뇨증이나 똥오줌 가리기가 더 늦어지는 문제로 나타난다. 이러한 문제를 알았기에 우리는 똥오줌 가리기를 강제하는 것이 아니라 꼬부랑 할머니 노래를 통해서 그 상황을 즐거워할 수 있도록 분위기를 만드는 데 집중했다.

아이 스스로 똥이 더럽고 냄새가 나니까 조절해야 하겠다는 생각을 가질 수 있는 계기도 만들었다. 우리 문화는 여기에 적합한 놀이도 준비해두고 있는데 그것이 '단지 팔기'이다.

단지 팔기는 가족들이 저녁을 먹고 다 모여 있을 때 많이 했다. 막내 동생이 어렸을 때는 아버지가 막내 동생을 허리 뒤로 가로 업고서 노래를 불렀다.

아버지   똥단지 사려 똥단지 사려.
큰누나   그 못생긴 단지 얼마요?
아버지   100원입니다.
큰누나   왜 그렇게 비싸요? 10원만 해요.
아버지   네 좋아요(큰누나에게 들이민다).
큰누나   아이고 똥냄새야, 이 똥 냄새가 왜 이래. 냄새 고약해서
         안 사요.

그러면 등에 가로로 업힌 막내 동생은 이 사람 저 사람에게 퇴짜를 맞으면서도 뭐가 그렇게 좋은지 깔깔 웃었다. 온 가족이 왁자지껄 웃는 분위기 속에서 똥단지 팔기는 두세 번 이어졌다. 큰누님도 나서고 어떤 때는 나도 나섰다. 한뫼와 솔뫼 똥오줌 가리기를 할 때는 나보다는 아내가 더 적극적으로 단지 팔기 놀이를 했다. 왜 그런지 까닭을 물었더니 이런 대답이 돌아왔다.

"재밌잖아. 어렸을 때 많이 했거든. 내가 여섯, 일곱 살이 될 때까지도 이모, 삼촌들이 해줬던 기억이 나. 그리고 막내 동생이 어렸을 때도 단지 팔기 하는 장면을 보기도 했고, 그리고 형제끼리 놀 때도 이 놀이를 했어."

이렇게 우리 전통에서는 똥오줌 가리기를 억지로 시키는 것이 아니라 놀이를 통해서 스스로 가리는 힘을 길러주었다. 이러한 문화의 힘을 바탕으로 우리 아이들 똥오줌 가리기는 별다른 스트레스 없이 이루어졌다. 한뫼와 솔뫼도 두 돌쯤 되었을 때 똥오줌을 가릴 수 있었다. 요즘도 억지로 배변훈련이라는 것을 하다가 변기에 가까이 가는 것도 싫어하고 야뇨증으로 고생하는 아이가 있는데 꼬부랑 할머니와 단지 팔기를 적극 권하고 싶다.

무서움을 재미로
―징가징가, 솔개미 떴다

내가 살고 있는 청주의 산줄기를 보면 속리산에서 뻗어 나온 한남금북정맥이 한가운데를 지난다. 400~500미터 되는 산줄기가 국사봉에서 선두산, 선도산, 상당산을 거쳐 서북쪽으로 흘러가는데 그 산줄기를 경계로 동북쪽은 한강이 있고 서남쪽으로는 금강이 서해를 향해 흘러간다. 그래서 동북쪽은 한강문화권이고 서남쪽은 금강문화권이라고 한다. '산동'이라고 불리는 한강문화권은 밭농사를 많이 짓고, 청주 시내를 중심으로 한 금강문화권은 논농사를 많이 짓는다. 한뫼가 태어났을 때쯤 나는 두 문화권 사이에 나타나는 문화 요소의 같고 다름에 대해서 연구하고 있었다. 많은 차이가 있었는데 그 가운데서도 인상적인 것이 아리랑이었다. 우리나라에는 백여 가지가 넘는 아리랑이 있다고 한다. 정선 아라리, 밀양 아리랑, 진도 아리랑, 본조 아리랑 등은 학교에서도 배웠고, 이리저리 들을 기회가 많았지만 우리 지역에도 아리랑이 있다는 것은 내가 직접 지역 문화를 공부하고서야 알았다. 요즘은 청주 아리랑이라고 하는데 자진모리장단으로 부르는 자진 아라리에 가까웠다.

아리라랑 아리라랑 아리리요
아리랑 고개로 날 넘겨주게
팔라당팔라당 갑사나 댕기
고운 때도 안 묻어서 사주가 왔네
아리라랑 아리라랑 아리리요
아리랑 고개로 날 넘겨주게
시아버지 골난 데는 술 받아주고
시어머니 골난 데는 이 잡아주자
아리라랑 아리라랑 아리리요
아리랑 고개로 날 넘겨주게

한강문화권인 충주와 괴산에서는 모심기를 하면서 아리랑을 불렀다. 그 아리랑은 중원군에서 먼저 발견되었다고 해서 '중원 아라성'이라고 했는데 이제 중원군이 사라지고 충주로 통합되었으니 '충주 아라성'이라고 부르는 게 맞을 것 같다. 청주의 낭성면, 미원면도 한강문화권이므로 같은 노래를 발견할 수 있겠다는 생각이 들어 낭성에 있는 한 마을 경로당을 찾았다. 그 할아버지들 가운데 모심기할 때 아리랑을 불렀다는 분이 계셨다.

 아라리야 에러리야 아리랑 얼씨구 어러리야
 아라리야 어러리야 아리랑 아리송 어러리야
 여기 꼽구 저기를 꽂고 삼배출 자리로 꼽아나주게
 아라리야 어러리야 아리랑 아리송 어러리야
 이 논배미다 모를 심어 장잎이 훨훨에 영화로다
 아라리야 어러리야 아리랑 아리송 어러리야

노래를 채록한 다음에 이리저리 이야기를 하다가 할아버지들이 갓난아기들한테 해주는 놀이가 없었느냐고 여쭤보았다. '불무불무야', '둥개둥개 둥개야', '소리개 떴다', '말탄 사람 꺼떡' 등 여러 놀이가 나왔다. 그런데 한 할아버지가 "이렇게도 했어." 하면서 눕더니 옆에 있던 한뫼를 정강이와 발등에 태우고 위아래와 앞뒤로 흔들면서 노래를 불러주었다.

 징가 징가 징가야
 니가 무슨 징가냐
 충청북도 청주시
 미원면의 징갈세
 징가 징가 징가야

징가 징가 징가야

징가 징가 징가야
니가 무슨 징가냐
청주시 미원면
홍씨 집안 징가지
징가 징가 징가야
징가 징가 징가야

 처음 보는 할아버지인데도 한뫼는 낯가림을 하지 않고 좋아했다. 집으로 돌아왔더니 나에게 누우라고 하고는 징가 징가를 해달라고 했다.
 특히 걸음마를 시작할 때 이 놀이를 좋아했는데 왜 그럴까 곰곰이 생각해보니 걸음마 연습과 관련이 있다는 것을 알 수 있었다. 걷는다는 것은 기본적으로 앞으로 넘어지면서 무게중심을 이동시켜서 균형을 잡는 몸짓의 반복이다. 따라서 잘 걸으려면 앞으로 넘어지는 것을 두려워하지 않아야 하고 그런 마음을 기르는 데는 놀이가 좋다. 아이들이 걸음마를 배우거나 막 걷기 시작할 때쯤 징가 징가를 좋아하는 것은 이 놀이가 몸의 균형을 잡는 데 적합한 놀이이기 때문일 것이다. 한뫼도 '징가 징가' 놀이를 하면서 공중에서 몸의 균형을 잡고 앞으로 넘어지는 것을 아주 즐거워했다.

이 놀이는 '닝가 닝가 닝가야'라고 불리기도 한다. '징가'라는 말은 제가의 사투리인 '지가'에 'ㅇ'을 붙인 것이고 '닝가'는 '네가'의 사투리인 '니가'에 'ㅇ'을 붙여서 노랫말을 만든 것 같다. '닝가 닝가', '징가 징가'라는 말 뒤에 아이가 살고 있는 장소와 어느 집안에 속해 있는지를 알려주는 노랫말이 이어지는 것이 이 노래의 특징이다. 아이에게 놀이를 통해서 자신의 정체성을 알도록 하는 놀이인 것이다.

'징가 징가'보다 더 역동적으로 공중에서 몸의 균형을 잡아주고 근육의 힘과 유연성을 길러주는 놀이가 '솔개미 떴다'이다. 부모가 누워서 양 발바닥에 아이 배를 받치고 두 손을 잡아서 공중으로 띄우거나 빙글빙글 돌려주는 놀이이다. 어떤 곳에서는 '소리개 떴다'라고 하기도 하고, 다른 곳에서는 '방아야 방아야'라는 놀이로 나타난다. 나는 아버지가 나에게 해주셨던 '솔개미 떴다'를 한뫼와 솔뫼에게 해주었다.

솔개미 떴다
병아리 감춰라
삐약 삐약 삐약

한뫼와 솔뫼가 말을 하지 못했을 때는 내가 "삐약삐약" 소리까지 했다. 아이들이 말을 할 수 있게 되면서부터는 스스로 "삐약삐약" 소리를 해서 극적인 재미가 더 살아났다.

그런데 돌이켜보니 우리 아이들과 놀 때보다 막내 동생과 함께 놀 때가 더 흥겨웠던 것 같다. 둘러앉은 가족 구성원의 숫자가 배가 되는 것도 있었겠지만 생활양식이 달라진 데에도 까닭이 있었을 것이다. 내가 어렸을 때는 집집마다 마당에 어미 닭과 병아리들이 있었다. 마을 하늘에 매라도 뜨면 어미 닭은 정신없이 병아리들을 숨기려고 했고, 병아리들은 어쩔 줄 몰라 하면서 어미 닭을 쫓아가는 모습을 쉽게 볼 수 있었다. 어린아이들도 매한테 잡혀갈까 무서워 숨을 곳을 찾았다. 이러한 긴장과 활기찬 몸짓을 이해해야 '솔개미 떴다 병아리 감춰라'라는 말에 담긴 속살과 분위기를 알 수 있다. 옛 놀이에는 마을 사람들과 자연 사이에 벌어지는 사건과 상황까지 다 담겨 있는 것이다. 놀이 방법이라는 텍스트뿐만 아니라 놀이의 맥락, 곧 콘텍스트에 대한 이해를 통해서 나는 아기 어르는 소리의 진정한 복원은 자연과 사람이 상생하는 마을 문화를 살려낼 때 가능한 것임을 깨달을 수 있었다.

삶이 곧 놀이다
-그 밖의 놀이들

우리 문화에서 한 사람이 자라면서 거치는 놀이 발달 단계를 살펴보자. 갓난아기 때는 아버지와 어머니, 할아버지와 할머니, 이모, 삼촌, 고모 등이 놀이 친구였다. 조금 더 자라면 형, 언니, 누나들이 골목에서 놀 때 참견하고 기웃거리면서 놀이 세계와 관계를 맺었다. 열 살가량이 되면 또래들이랑 스스로 규칙을 만들고 바꾸면서 놀았다. 모두가 그렇게 자랐기 때문에 놀이는 노인부터 어린아이까지 모두가 공유하고 전승하는 문화였다.

이러한 전승 과정이 거의 끊어져가고 있는 것이 우리 현실이다. 언니, 오빠, 형들이 동생들을 놀이 세계로 이끌어줄 힘이 없기 때문이다. 요즘 아이들은 전통 놀이를 모른 채로 교구, 컴퓨터, 스마트폰을 가지고 게임을 한다. 이러한 게임을 하면 관계와 소통이 없기 때문에 몸과 마음이 쉽게 피곤해진다. 친구들과 어울려서 놀이를 할 때 사람들이 가지는 서로 이어졌다는 느낌, 살아 있음을 함께 나누는 깊고 강렬한 기쁨을 경험할 수 없다.

놀이 상실을 경험한 세대는 십 대를 넘어 이십 대까지도 포함된다. 이러한 상황에서 삼십 대 중반 이상의 어른들이 놀이 문화를 새로운 세대에게 이어주려는 의지와 실천을 가지지 않으면 놀이를 살릴 방법이 없다. 놀이의 기능만이 아니라 공동체의 분위기, 인식, 경험들이 전승되려면 공동체 문화를 경험하지 않고서는 가능하지 않기 때문이다.

옛날에 우리가 잘 놀았던 것은 우리의 능력이 아니라 공동체의 힘이었다. 골목에 가면 항상 놀이하는 언니, 오빠, 형을 볼 수 있었다. 아이들은 언니들의 놀이를 구경하고 혼자 연습하면서 놀이에 대한 내적 동기를 자연스럽게 형성할 수 있었다. 조금 지나면 깍두기로 참여하면서 언니들이 놀이하면서 규칙을 만들고 갈등 상황에서 서로 협상하고 조절하는 모습을 온몸으로 받아들였다. 놀이라는 공통문화 기반을 바탕으로 내가 신나게 놀고 나의 신명이 공통문화 기반이 가진 힘을 더 활성화시키는 그 되먹임이 다른 사람을 받아들이고 자기를 사랑할 수 있는 힘을 길러주었다. 이러한 모습이 마을마다 골목마다 펼쳐졌으니 참으로 위대한 복지 체계이며 교육제도였다. 지금 정부가 모든 마을과 학교에 놀이 전문가를 배치한다고 한들 그런 효과를 과연 되살릴 수 있을까?

이러한 상황에서 아이들을 도와주려면 부모들이 신나게 놀이할 수 있는 관계를 만들면서 아이들을 초대하는 것이 놀이를 살리고 아이들 세계를 평화롭게 만드는 유일한 길이라고 나는 믿는다.

이러한 내 생각을 강의에서 말하면 꼭 반발하는 사람들이 있다. 자기는 어렸을 때 책만 읽었지, 노는 걸 좋아하지 않았고, 사람마다 기질의 차이가 있는데 왜 그걸 무시하느냐는 것이다. 내 어렸을 때 경험이나 아이들 놀이 문화를 복원하는 과정에서 알게 된 것은 놀이를 싫어하는 아이는 없다는 것이다. 아이들은 항상 논다. 온종일 놀면서도 지치지 않고 끊임없이 놀려고 한다. 놀이를 좋아하는 것은 기질의 문제가 아니라 본능과 감각, 경험의 문제인 것이다.

20세기 인성론을 주도한 심리학과 동물학에서는 공격성을 인간의 본능이라고 정의하였다. 과연 공격성을 인간의 본능이라고 할 수 있을까? 공격성이 인간의 본능이라면 공격성을 드러내지 않는 사람의 인격이 파괴되어야 한다. 그런데 실제 우리 현실에서는 공격성을 드러내지 않는다고 해서 그 사람의 인격이 파괴되는 것도 아니고 공격성을 드러내는 사람을 보고 좋아하는 사람도 거의 없다. 오히려 불편함을 느끼는 것이 일반적이니 공격성을 인간의 본능이라고 할 수는 없을 것이다.

그러면 어떤 것이 인간의 본능적 요구일까? 먼저 식욕, 성욕, 수면욕을 들 수 있다. 식욕이 충족되지 않으면 인간은 죽고, 성욕과 수면욕이 충족되지 않을 때도 심각한 문제가 생긴다. 애착과 사랑은 어떨까? 갓난아기가 보살핌을 받지 못하고 애착이 형성되지 않으면 죽거나 심각한 정신적 손상을 입는다. 애착 역시 인간의 본능이기 때문이다. 따라서 놀이를 하지 못하거나 싫어하게 된다면 그것은 어렸을 때부터 놀지 못했거나 놀이를 할 때 상처 받았던 경험, 곧 놀이 상처를 가지고 있기 때문이라고 보는 것이 옳을 것이다.

아이들은 모든 것을 가지고 논다. 표정, 몸짓, 걷기, 뛰기, 말, 모든 것이 놀이의 자료이다. 지금까지 이야기해온 놀이뿐만 아니라 삶에 관한 모든 것이 놀이였다. 아기 어르는 소리는 그렇게 삶의 모든 것을 놀이로 만드는 길이었다.

생각해보면 한뫼와 솔뫼가 가장 즐기던 놀이는 '어부바'였다. 자지러지게 울다가도 어부바를 하면 금방 울음을 그쳤다. 그리고 발을 까딱거리고 엉덩이를 들썩이며 밖으로 나가자고 재촉했다. 이동을 할 때 업거나 안는 것은 사람만이 가진 문화적 특성이다. 새끼 유인원들은 어미의 털을 잡고 이동한다. 따라서 어부바의 기원은 어미의 털이 사라지는 호모 에렉투스 시기인 백만 년 전으로 거슬러 올라간다. 털이 사라졌을 때 인류가 아기를 옮기는 새로운 방법을 찾아낸 것이 안기와 업기였다. 이 방법은 이동을 가능하게 했을 뿐만 아니라 어른과의 지속적인 접촉, 흔들림, 안정감을 통해서 서로 마음을 나눌 수 있게 해주었다. 서로 마주 보거나 같은 방향을 보는 등 시선을 공유하면서 사물과 사건에 대한 공동 주의 집중이 가능해진 것도 이때부터였다. 털이 사라졌기 때문에 생겨난 변화 가운데 하나가 얼굴 표정이다. 털이 사라진 얼굴은 풍부한 표현을 가능하게 했다. 유인원들은 털 고르기를 통해서 유대감을 길렀다. 이와 달리 사람은 웃음과 울음, 옹알이를 통해 새로운 상호작용의 지평을 열게 되었다.

서로 얼굴을 마주 보면서 함께 울고 웃게 되니 무서움도 놀이의 자원이 되었다. '에비 온다'는 무서움도 같은 몸짓, 같은 말을 통해서 서로의 마음을 나누면 놀이가 된다는 것을 잘 보여주는 사례이다. 우리 부부도 한뫼와 솔뫼가 울거나 무서워할 때 '에비 온다'라는 말을 하면서 입술에 손가락을 대고 아이를 바라보았다. 그러면 울던 아이들은 뒤바뀐 분위기에 어리둥절하다가 곧 잠잠해졌다.

에비 놀이의 기원을 찾으려면 구석기 시대 무리 생활을 하면서 아이와 함께 부딪친 위험한 상황을 떠올려보아야 한다. 맹수를 만났을 때 아이를 진정시키는 것은 생존이 달린 문제였다. 그때 위기를 벗어나려면 꼭 안아주면서 엄마가 옆에 있으니 안전하다는 믿음과 함께 그 상황에서 같은 행동을 할 수 있는 신호가 필요했다. 그러한 신호는 시대에 따라 '쉿!', '에비 온다', '호랑이 온다', '망태 할아버지 온다', '일본 순사 온다' 등으로 다양하게 나타났다.

이 가운데 '쉿'과 '호랑이'는 그 뜻이 또렷하지만 '에비'가 어떤 뜻과 속살을 가지고 있는지에 대해서는 또렷하게 밝혀지지 않았다. 북한에서는 '어비 온다'라고 하는데 무서운 아버지가 온다는 말이었을 것이라고 풀이하고 있다. 지금도 많은 집에서 아이들이 무슨 잘못을 하면 엄마가 "아빠 오면 두고 보자", "아빠한테 얘기

하겠다"는 말을 하는데 이와 같은 맥락에서 이러한 말이 나왔다고 보는 것이다. 어떤 사람은 에비를 도깨비와 같은 무서운 어떤 대상이라고 하고, 또 어떤 사람은 무서운 존재라기보다는 존엄하고 귀한 존재, 곧 집안에 부와 행운을 가져오는 서낭(신)인 '업'이 온다는 뜻일 것이라고 보기도 한다.

 '목말타기'는 멀리 내다보면서 새로운 시야를 갖게 하는 재미있는 놀이이다. 자신보다 몇 배나 되는 어른들 사이에서 살아가는 아이는 거인국에 사는 난쟁이와 같은 느낌을 가질 수밖에 없다. 그러다가 어른들 목에 올라타게 되면 시야도 넓어지고 자신이 거인이 된 것 같은 느낌을 가지게 된다. 그래서인지 아이들, 특히 남자아이들은 어른들을 내려다보거나 깔아뭉개는 놀이를 좋아한다. 조금 더 자라면 어린아이가 슬기와 힘을 가지고 괴물이나 거인을 이기는 이야기를 많이 들으려고 한다. 그래서 거인, 도깨비와 관련된 놀이와 이야기는 아이들이 어른들이라는 거인, 도깨비를 이기고 건강한 자아를 만들어가는 중요한 통로인 것이다. 한뫼와 솔뫼도 목말을 타거나 '말탄 사람 꺼덕' 같은 놀이를 하면서 아빠를 밑에 깔고 거칠게 다루는 것을 좋아했다.

 '말탄 사람 꺼덕'은 엄마, 아빠가 아기를 등에 태우고 기어가면서 불러주는 노래이다. 이 놀이를 처음 한 뒤로 한뫼와 솔뫼는 엄마, 아빠가 방바닥에 엎드려 있거나 걸레질을 할 때면 등에 올라탔다.

말탄 사람 꺼덕 소탄 사람 꺼덕
말탄 사람 꺼덕 소탄 사람 꺼덕
말탄 사람 꺼덕 소탄 사람 꺼덕
우리 한뫼 꺼덕 우리 솔뫼 꺼덕

내가 손과 발을 내밀 때마다 생기는 흔들림도 좋았겠지만 아빠를 타고 노는 이 기회를 아이들은 초등학교에 들어갈 때까지도 포기하지 않았다.

칼 마르크스는 세 딸과 마차 놀이를 많이 했다고 한다. 아버지인 마르크스가 말이 되고 엥겔스와 칼 리프크네이트가 마차가 되어서 하는 놀이였다. 마르크스의 딸들은 엥겔스의 등을 타고 앞에 있는 아버지를 채찍으로 때리는 흉내를 냈다고 한다. 세 딸들이 이 놀이를 아주 좋아해서 마르크스는 그 아이들이 잠든 다음에야 글을 쓸 수 있었다고 한다.

옹알이 역시 삶으로부터 만들어진 놀이이다. 한뫼와 솔뫼는 두 달이 되면서 "아~~~", "우~~~"와 같은 소리를 내면서 옹알이를 시작했다. 여섯 달까지는 홀소리 비슷한 소리만 냈는데, 일곱 달이 넘어서자 "마마마", "다다다", "바바바"와 같은 닿소리를 냈다. 그때쯤 나는 "바바바" 소리를 따라 하다가 어느 순간 "아함 아함" 하면서 손바닥으로 입을 막았다 뗐다를 되풀이했다. '아함 아함'은 소리를 내는 기관인 입술에 대한 느낌을 또렷하게 가지게 하는 놀이라고 볼 수 있다.

  이러한 말놀이에 대한 관찰을 통해서 나는 말이 육아 과정에서 만들어졌다는 추론을 해보았다. 사람의 아기는 태어난 지 일 년 동안 무기력한 상태이기 때문에 무리가 함께 협력해서 기르지 않으면 생존할 수가 없다. 가족이라는 제도와 그것을 지원하는 사회적 관행은 그래서 만들어진 것이다. 말은 오랜 시간 동안 아이를 기르면서 자연과 문화에 대해 가르쳐야 할 필요성 때문에, 나아가 부부와 대가족 사이의 협력 속에서 과거와 현재, 미래, 소망이라는 뜻과 속살을 담은 매체의 절박한 필요성 때문에 생겼을 것이다. 육아를 전담했던 여성들이 남성들보다 말을 더 섬세하게 사용할 수 있는 것은 이 때문이 아닐까?

  한뫼와 솔뫼가 다치거나 어디에 부딪쳐서 아파할 때, 또는 벌레에 물렸을 때 우리 부부는 당황하기보다는 "아이고 우리 애기 장사, 우리 애기 장사, 참 잘도 참네." 하면서 분위기를 바꾸어주었다. 부모가 어떤 상황에서도 자신 있고 당당한 태도로 대할 때 거울 반응을 통해서 아이가 자존감을 기를 수 있다고 믿었기 때문이다.

  기쁠 때나 슬플 때나 부모와 아이가 서로 손을 내밀고 유대감을 공유하는 것이 놀이이다. 혼자 하면 취미가 되지만 함께 하면 문화가 된다는 말이 있다. 우리 문화는 새로운 구성원을 받아들일 때 부모뿐만 아니라 가족 구성원 모두와 마을 사람들이 함께 소통하고 공감할 수 있도록 아기 어르는 소리라는 문화적 장치를 마련해 놓았다. 공동체의 오랜 역사가 빚어낸 위대한 문화유산인 아기 어르는 소리의 힘으로 우리 부부는 두 아이와 즐겁고 깊고 두텁게 마음을 이을 수 있었다.

2부
아빠의 자장가

갓난아기에게 아침 햇살을!

돌이켜보면 큰아이 한뫼와 둘째 솔뫼를 기르면서 가장 힘들었던 일이 잠 재우기였다. 갓난아기 적에 두 아이는 밤낮을 가리지 않고 잠투정을 했다. 아이가 잠을 자야 다음 날 연구소에 가서 일을 할 수 있는데 시도 때도 없이 깨어나 울어대니 항상 잠을 설칠 수밖에 없었다. 낮에는 몽롱하고 밤에는 피곤해서 미칠 것만 같았다. 어떤 때는 우는 아이가 밉기도 했다. 그때 아이들이 밤낮을 가리지 못하는 까닭을 누가 알려주었더라면 얼마나 좋았을까. 아무것도 모르는 상태에서 밤낮으로 씨름을 하니 기진맥진할 수밖에 없었다. 애들을 다 길러놓고 나서 대뇌생리학을 공부하면서 그 원인을 알 수 있었다.

아기들은 태어난 지 한 달까지는 몇 시간 주기로 자고 깨어나기를 되풀이한다. 우리 뇌에서 자고 깨어남을 관장하는 '수면·각성 중추'와 생체 시계를 관장하는 '시교차상핵'이 연결되어 있지 않기 때문이다(그림 10-①). 한 달이 지나면 수면·각성 중추가 시교차상핵과 연결되어 서서히 밤과 낮의 주기를 찾아가기 시작한다(그림 10-②). 하지만 한계가 있다. 이때는 생체 시계가 하루 24~25시간에 맞추어져 있기 때문이다. 24시간으로 수면 주기가 정확히 맞아떨어지려면 빛을 인식하는 망막과 시교차상핵이 연결되어야 한다. 시교차상핵과 망막의 연결은 태어난 지 세 달이 지나야 가능하다(그림 10-③). 이러한 원리를 내가 알았더라면 아기가 태어난 지 세 달 무렵부터는 매일 아침 규칙적으로 창문을 열고 아이에게 빛나는 햇빛을 즐기게 해주었을 것이다.

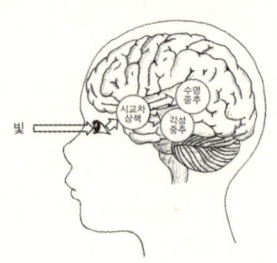

① 출생~생후 1개월 무렵

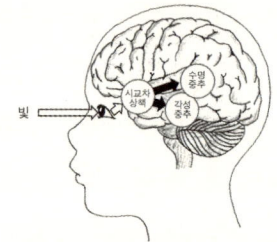

② 생후 1~3개월 무렵

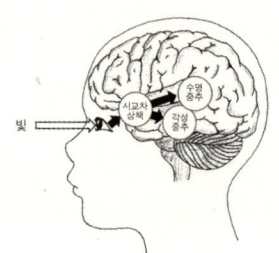

③ 생후 3개월 이후

그림 10_수면 주기의 형성 과정

예로부터 이 땅에 살던 사람들은 자기가 사는 곳을 정하는 데 있어 배산임수를 가장 중요한 잣대로 삼았다. 산을 뒤에 두고 앞에 냇물이 흐르는 곳에 살게 되면 우리 삶에 필요한 자원을 자연스럽게 얻을 수 있다. 뒤에 산이 있으니 땔감을 얻기 쉽고 그 산자락 아래에서는 밭과 우물을 얻을 수 있다. 냇물 주변에서는 논과 그 논에 필요한 물을 얻을 수 있으니 논농사를 하면서 살아가는 사람들에게는 더할 나위 없이 좋은 삶터였던 것이다. 이러한 삶터는 아침부터 햇빛을 듬뿍 받을 수 있어 아이를 기르는 데도 좋았다. 문만 열면 햇살을 받을 수 있었고 마당으로 바로 나갈 수도 있었으니까. 지금도 내가 어렸을 때 이웃집 할머니가 따뜻한 햇살 속에서 평상에 아기를 뉘어놓고 불러주던 자장가가 생각난다.

먹고 자고 먹고 놀고
먹고 자고 먹고 싸고

처음에는 할머니와 아기, 자장가의 노랫말만 떠올랐다. 그런데 햇볕이 아기의 생체 주기에 미치는 영향을 알고 나서는 햇빛이 환하게 비치는 장면이 함께 떠오른다. 할머니들이 아기들을 잘 먹이고 잘 자고 잘 놀고 잘 싸게 할 수 있던 힘 가운데 하나가 햇볕을 항상 쬐어주는 것이 좋다는 생활 속의 슬기를 함께 가지고 있던 것이 아닐까.

예로부터 우리 조상들은 남향집, 남동향집에서 살려고 했다. 그런데 남향집에 사는 복을 누리는 것은 어려운 일이었나 보다. '남향집에 살려면 삼대에 걸쳐서 덕을 쌓아야 한다'는 속담이 있지 않은가. 그래도 예전에는 남향집에 살지 않아도 아기들을 데리고 밖에 많이 나왔으니 큰 문제가 되지 않았다. 하지만 요즘에는 아파트나 반지하방에 틀어박혀 밖에 나오지 않는 경우가 많아 아기가 햇볕을 쬘 수 있는 조건이 안 될 수가 있다. 이러한 환경이 아이들을 재우는 데 어떤 문제가 있는지 엄마들에게 물어보았다. 갓난아기였을 때 어떠한 환경에서 살았는지, 그리고 그것이 아이가 밤낮을 가리는 데 어떤 영향을 미쳤는지…….

"특별히 햇볕을 쬐어주려고 한 적은 없었는데, 남향집이라 햇볕을 잘 쬘 수 있어서 그런가, 저는 애를 재울 때 별다른 어려움이 없었어요. 우리 어머니가 김씨 집안 애들은 잠투정이 심하다고 했어요. 그런데 우리 애는 잘 잤거든요. 지금 듣고 보니까 그래서 그런가 싶은 생각이 드네요."

"잠투정이요? 첫째는 친정 엄마가 키우셨는데, 잠투정이 전혀 없었어요. 엄마가 애 같으면 열 명도 키우겠다고 했어요. 그러고 보니 햇빛이 밝게 드는 남향집이었던 것 같아요. 둘째는 아파트에서 우리 부부가 키웠는데 밤낮이 바뀌어서 울었던 기억이 나요. 집 앞에 가로등이 있어서 24시간 밝았고, 오전에는 햇빛이 안 들고 오후에 잠깐 들었어요."

엄마들은 아기의 생체 주기와 햇빛의 관계를 금방 이해했다. 아침에 햇볕을 쬐어주면 좋은 것이 또 있다. 요즘 모유 수유를 하면 비타민 D가 부족하다고 비타민 보충제를 먹이는 엄마들이 있는데, 비타민 D는 자외선이 우리 몸 안의 콜레스테롤과 반응할 때 합성되는 것이다. 옛날에는 엄마와 아기가 바깥에서 많이 생활했기 때문에 비타민 D가 부족하지 않았다. 그런데 요즘에는 자외선에 아기의 약한 피부가 상할까 봐 집안에서 주로 지내면서 생겨난 문제이다. 비타민 보충제보다 햇볕을 쬐는 것이 합성 속도가 훨씬 빠르다는 것이 이미 과학적으로 증명되었기 때문에 아기의 뼈를 튼튼히 하기 위해서도 햇볕을 적절히 쬐어주어야 하는 것이다. 부모의 노력도 중요하지만 마을 어른들이 힘든 부모를 대신해 아침에 햇볕을 쬐어주는 품앗이를 공동체 프로그램으로 진행해도 좋을 것이다.

요즘 공동체 운동을 하는 사람들이 주민들의 자발성을 기르기 위해서 어떻게 해야 하는가 물어올 때가 있다. 그들에게 공동체 사업으로 무엇을 하느냐고 물어보면 벽화 그리기, 마을담장 허물기 등을 이야기한다. 그러한 일들은 좋은 사업이지만 절박한 생활의 요구와 닿아 있는 것은 아니다. 주민들이 자발성을 가지고 참여하려면 모든 주민이 심각하다고 느끼는 문제이거나 아주 절박해서 주변 사람들이 도와주기를 간절히 바라는 문제로부터 시작해야 한다. 주로 여성들이 담당하고 있는 보살핌이 그러한 영역이다. 갓난

아기에게는 마을에서 아이를 보살필 수 있는 프로그램, 유치원과 초등학교에 다니는 아이들을 위해서는 함께 놀 수 있고 방과 후에 도움을 받을 수 있는 프로그램, 결혼한 여성을 위해서는 양육 및 생계를 위한 지원 프로그램 등이 삶의 절박성과 연결된 문제이다. 예로부터 육아는 먹고사는 문제와 함께 공동체 생활의 가장 중요한 주제였다. 옛날에는 마을이 그 두 가지 문제를 함께 풀어가는 장소였지만 요즘에는 먹고사는 문제가 마을과 떨어져 있어 육아, 교육문제가 더욱 중요해졌다. 마을 만들기 운동이 성공하려면 여성들이 맡고 있는 보살핌 노동을 남성들과 지역사회가 함께 맡아 나설 때 가능할 것이다.

자장가는 힘이 세다

노래와 춤, 놀이를 즐기는 것은 어느 사회나 마찬가지겠지만 우리 겨레는 훨씬 더 유난스러운 것 같다. 예나 지금이나 외국인들이 우리 사회를 경험하고 인상을 정리한 글에는 노래와 놀이를 즐긴다는 내용이 반드시 들어 있다.

중국의 옛 기록인 『삼국지 위지동이전』 부여 편에서는 "길을 갈 때에는 밤이나 낮이나 노인과 아이 없이 모두 노래를 부르니, 종일 노래가 끊이질 않았다."는 기사가 나온다. 고구려 편에는 "그 나라 백성들은 노래하고 춤추는 것을 좋아하여, 나라의 읍락에서는 밤이 되면 남녀가 무리지어 모여들어 서로 따르며 노래하고 춤춘다."고 기록하고 있다. 마한 편에서도 "모든 사람들이 모여서 밤낮을 쉬지 않고 노래하고 춤추며 술 마시고 논다."라고 했으니 당시 우리 땅에 있었던 크고 작은 나라들에서 춤과 노래를 드세게 즐겼다는 것을 알 수 있다.

백 년 전 유럽의 선교사들도 우리 겨레의 놀이 문화를 아주 인상적으로 기록하고 있다. 선교사 게일은 "한국인들은 새들처럼 노래한다."고 하였다.

이처럼 전통 사회에서는 놀이와 노동, 종교 의례 어디든 노래와 춤이 있었고 한 개인의 삶에서도 평생 노래와 놀이가 떠나지 않았다. 태어나서 듣는 자장가에서 시작해서 도리도리, 짝짜꿍과 같은 아기 어르는 소리, 전래동요, 노동요, 강강술래 같은 놀이노래 등 우리 겨레에게 노래하지 않는 삶은 살아도 산 것이 아니었다.

한 세대 전까지만 해도 모든 집안의 아이들이 할머니, 어머니가 불러주는 자장가를 듣고 자랐다. 이렇게 하나의 노래를 공유함으로써 온 겨레가 하나의 마음자리를 가질 수 있었다. 그런데 요즘에는 노래를 직접 불러주기보다 CD나 라디오 음악을 틀어주는 사람들이 많다. 이러한 변화가 아이들에게 어떤 영향을 끼칠까 궁금해서 연구 결과가 있는지 찾아보았다. 생후 5개월, 8개월, 11개월이 된 아이들에게 여자아이 목소리로 녹음된 노래와 음악 반주가 곁들인 곡을 들려주었을 때 어떤 반응을 보이는지 연구한 사례를 찾을 수 있었다. 대부분 아이들이 목소리로 녹음된 노래를 훨씬 더 좋아했다고 한다. 연구자들은 그 까닭을 두 가지로 정리했다. 갓난아기들이 인간의 목소리를 더 좋아하고 복잡한 청각 자극보다는 단순한 청각 자극을 좋아한다는 것이다. 내가 연구를 기획했더라면 엄마의 목소리로 들려주는 노래와 엄마의 노래에 반주를 곁들인 것, 가수가 육성으로 불러주는 노래와 반주를 곁들인 노래를 들려주면서 반응을 확인했을 것이다. 부모의 목소리로 불러주는 자장가의 힘을 잘 모르는 사람들에 의한 연구 기획은 이렇게 근본적인 한계를 가지는 것이다.

심지어 아기를 재울 때 책을 읽어주는 부모도 있었다.

"저는 자장가는 못 불러줬어요. 부모교육 가면 자기 전에 책 읽어주면 좋다고 해서 꼭 한 권씩은 읽어줬어요."

"그런데 잘 자던가요?"

"한 권 갖고는 안 자서 계속 읽어주다 보면 제가 먼저 잤어요."

책을 읽어주는 것과 자장가를 불러주는 것, 과연 어떤 것이 아이에게 더 좋을까. 당연히 자장가를 불러주는 것이다. 책을 읽어주면 부모와 아이의 직접적인 시선 교환과 피부 접촉, 꿈결까지 이어지는 청각적 경험이 유지되지 못한다. 이와 달리 업고서 또는 아이의 눈을 마주 보면서 자장가로 아이를 꿈결까지 안내하면 절대적인 믿음과 따뜻함, 부드러움을 가진 소통 공간이 만들어진다. 엄마의 젖을 물고 자면 미각과 후각까지도 만족스럽다. 내가 한뫼와 솔뫼에게 내 목소리로 오랫동안 자장가를 불러준 것은 모든 감각이 만족스러운 행복한 잠재우기를 포기할 이유가 없었기 때문이다.

왜 우리 자장가를 부를까?

잘 자라 우리아가 앞뜰과 뒷동산에
새들도 아가 양도 다들 자는데
달님은 영창으로 은구슬 금구슬을 보내는 이 한밤
잘 자라 우리아가 잘 자거라 온 누리는 고요히 잠들 때
선반에 생쥐도 다들 자는데
뒷방서 들려오는 재미난 이야기만
적막을 깨치네 잘 자라 우리 아가 잘 자거라

모차르트가 작곡했다고 알려진 자장가 노랫말이다. 지금 40~50대가 된 세대들은 어렸을 때 집에서 "자장자장"으로 시작되는 우리 전통 자장가를 들으면서 자랐다. 이와 달리 학교에서는 베토벤과 슈베르트, 브람스 등 유명한 서양 작곡가들이 만든 자장가를 배웠다. 학교에서 서양 자장가를 가르치기 시작한 것은 일제 강점

기였다. 식민 권력이 우리 자장가가 아니라 서양 작곡가가 만든 자장가를 불러주는 것을 아름답고 우아한 근대 문명이라고 우리를 세뇌시키려 했던 것이다. 해방 이후에도 이러한 교육은 바뀌지 않아 우리 세대는 여전히 서양 자장가를 배웠다. 지난 몇십 년간 우리 사회는 우리 안에 있는 자원보다는 서구의 경험과 문화가 우리가 부딪치고 있는 문제를 해결하는 데 더 적합하다고 믿어왔다. 경제 발전뿐만 아니라 문화의 모든 측면에서 그랬다. 그러한 교육이 우리들한테 과연 어떤 영향을 미쳤을까? 그것을 알아보려고 엄마들을 대상으로 학교 다닐 때 서양 자장가를 배웠을 때의 경험과 느낌이 어땠는지 인터뷰를 해보았다.

"중고등학교 음악 시간에 자장가를 배웠어요. 우리 자장가를 배운 건 아니고요. 우리 자장가는 할머니가 불러준 자장자장 우리 애기 정도만 기억하고 있었지요. 그런 상태에서 모차르트, 슈베르트 자장가를 배웠는데, 음이 참 곱고 다양하며 가사도 풍부하다는 생각이 들었어요. 그래서 내가 나중에 아이를 낳으면 이런 자장가를 불러줘야지 하는 생각을 했어요."

"저는 자장자장 하면서 우리 자장가를 불러주기도 하고 슈베르트나 모차르트 자장가도 불러줬어요. 우리 자장가를 불러주는 것이 훨씬 더 편하기는 했는데, 다른 사람들이 없는 데서만 불렀어요. 내가 맞는 음으로 부르는지 자신도 없었고, 남이 들을까 부끄러웠거든요."

이처럼 우리 세대는 우리 문화에 대해 애착과 자부심이 아니라 부끄럽고 촌스러운 것이라는 모멸감을 길러왔다. 그래도 학교를 다니지 않았던 사람들이 대부분이었던 우리 부모 세대는 우리 자장가를 불러주었기 때문에 문화 전승이 끊기지는 않았다. 하지만 여러 세대가 함께 살던 대가족에서 핵가족으로 바뀌고 마을공동체가 약화되면서 이제 새로운 세대는 우리 자장가를 들어볼 기회를 가지지 못할 수도 있게 된 것이다. 이러한 경험을 가진 사람들이 과연 자기 아이들에게 어떤 자장가를 들려줄지 궁금해서 몇 명의 교사들과 자장가를 중심으로 한 수업을 계획하였다. 먼저 부모들이 어떤 자장가를 불러주었는지 조사를 하고 아이들에게 배워오든가, 녹음하게 한 후 발표하는 수업이었다. 초등학교 1~2학년 교실에서는 학급 밴드에 엄마가 자장가를 불러주는 영상을 올리게 하고, 아이들과 함께 보았다. 그중 한 교실을 들여다보자.

엄마가 부르는 자장가가 흘러나오자 아이들은 귀를 쫑긋 세우고 집중해서 들었다. 교실은 숨소리도 제대로 들리지 않았다. 어떤 아이는 쑥스러운 듯 교실 바닥에 누워 아기인 양 두 팔과 다리를 바동거렸다. "현식이가 애기가 됐다." 하고 옆에 친구들이 소리쳤고, 모두가 한바탕 크게 웃었다.

학습지나 영상을 통해 어떤 자장가를 불러주었는지 확인해보니 반 정도의 부모들은 우리 자장가를 불러주었고, 일부는 섬집아기나 모차르트의 자장가나 작은 별을 불러주었다. 어떤 부모들은 자기가 알고 있는 노래는 다 불러주었다고 했고, 심지어 구구단을 읊었다는 사람도 있었다. 수업 이후 교사들이 한 말이다.

"다른 수업보다 집중을 잘하고 조용했어요. 아이들도 자장가를 들으면서 아주 좋아했고, 집에서 잘 때 자장가를 불러달라고 한다는 얘기도 들었어요. 걱정되는 것도 있었어요. 너무 다양한 노래가 나왔고, 영어로 불러주는 자장가를 들으면서는 이러다가 우리 겨레의 정체성까지 무너지지 않을까 걱정이 되었어요."

"수업하는 동안 분위기가 아주 따뜻했어요. 아이들의 마음이 하나로 이어진다는 느낌이 들었어요. 다른 엄마가 부른 자장가를 듣고 서로 토닥여주기도 하고. 그런데 우리 자장가가 아닌 다른 노래를 들을 때는 이러다가는 다음 세대에는 우리 자장가가 사라질 수도 있겠다는 생각도 들었어요."

부모의 자장가를 들으면서 아이들이 보여줬던 반응들은 실로 감동적이었다. 교사들이 억지로 동기를 부여하고 끌어내려고 하지 않아도 아이들은 집중하고, 몰입했다.

교사들은 부모들이 자장가를 어떤 마음으로 불러주었는지도 아이들에게 물어오도록 했다. 그 과정은 아이들과 부모들의 마음을 촉촉하게 했고 부모들이 자신의 어머니와 아버지에 대한 고마움을 다시 생각하게 하는 계기가 되었다. 자장가가 원래 가지고 있던 힘, 사람들의 마음을 이어주는 힘이 그렇게 살아났다. 아직 우리 세대는 같은 마음자리를 만들어낼 수 있는 실마리를 가지고 있고 그것을 이으면 우리 아이들 세대와도 같은 마음자리를 만들 수 있다는 것을 확인한 것이다. 어머니들이 아기들에게 자장가를 불러줄 때 학교에서 배운 자장가가 아니라 옛날 할머니와 엄마에게 들었던 자장가를 더 많이 불러주었다는 것을 알았을 때는 우리 겨레의 마음자리를 이어갈 수 있는 굵고 질긴 끈을 발견한 기분이었다. 그때 떠오른 것이 헝가리 음악학자 코다이의 말이었다.

"민요는 어린이의 음악적 모국어이며, 따라서 어린아이가 아주 어렸을 때부터 말을 배우는 것과 마찬가지로 자연스럽게 익힐 수 있어야 한다."

코다이의 말처럼 아기 어르는 소리와 자장가는 어린아이가 배우는 가장 중요한 모국어이다. 모국어란 말 그대로 엄마의 입술에서 나오는 첫 번째 소리이며, 그렇기 때문에 우리 마음을 밑바닥부터 움직일 수 있는 말이다. 말을 배울 때 "엄마, 아빠"라는 말의 뜻을 알면서 배우는 것이 아니라 그냥 따라 하다 보니 어느새 자기 것이 되듯이. 음악 언어 역시 생활 속에서 자연스럽게 배울 때 가장 효과적이다. 엄마의 자장가를 들으면서, 할머니와 함께 들강달강을 하면서, 언니들과 실구대 소리를 하며, 친구들과 뛰어놀면서 그렇게 배워야 한다. 생활 속에서 배워야 할 것을 음악 시간에 혼나면서 배우니 재미도 없고, 나중에 써먹을 수도 없는 것이다.

부모들이 자기도 모르게 우리 자장가를 부르는 이유는 그것이 아이를 재우는 데 효과적이기 때문이다. 모차르트 자장가 등은 음악적으로 체계가 잡혀 있는지는 모르지만 아이를 재우는 데는 효과적이지 않다. 아이를 재우는 힘은 노랫말의 아름다움이나 음악적 완성도가 아니라 그 나라 말의 운율과 자연스러운 호흡에 달려 있다. 특히 우리 음악은 서양처럼 심장 박동을 중심으로 하는 것이 아니라 노동과정에서 나타나는 호흡을 중심으로 한다. 정확한 음이나 화성이 아니라 자연스러운 느낌과 신명이 중요하다. 그래서 우리 자장가를 배울 때는 할머니들의 호흡, 표정을 그대로 따라 배워야 한다. 그 표정과 호흡에 수천 년에 걸쳐 쌓여온 문화의 힘, 아이들을 달래는 힘이 담겨 있기 때문이다.

손 타면 안 돼

언젠가 친구 집에 들렀는데 마침 아기가 막 잠든 상황이었다. 친구와 조용히 이야기하고 있는데 한가해진 아기 엄마가 와서 이런저런 이야기를 같이 했다. 조금 있으니 아기가 깨어나 울었다. 그런데 엄마가 바로 가서 달래지를 않았다. 그래서 얼른 가보라고 이야기했더니 "안아달라고 저러는 거예요." 하면서 자기는 아기가 울어도 내버려둔다고 했다. 자꾸 안아주면 손을 타서 엄마가 힘들어진다는 것이었다.

그 말을 듣고 마음이 답답해졌다. 엄마들이 얼마나 힘들면 저럴까 하는 마음도 있었지만, 아기들이 악의를 가진 존재처럼 이해되는 현실이 더 안타까웠다. 옛날에는 공동체가 아이를 길렀다. 그래서 엄마는 젖 먹이고 재울 때만 신경을 썼고 다른 시간에는 할머니가 봐주거나 언니, 오빠들이 놀아주었다. 그렇게 많은 사람들의 관심을 받으면서 신나게 노는 아이가 부모를 힘들게 하지는 않았을 것이다. 물론 무얼 먹지 못해서 배가 고파 우는 경우는 예외였지만.

요즘은 엄마들이 주변 사람들의 도움도 받지 못하고 아파트에서 아기랑 단둘이 고립되어 있다. 이렇게 엄마가 스트레스를 받은 상태에서 아기를 돌보면 자신이 힘들고 고통스러운 일을 아기에게 투사하게 된다.

아기가 잠자지 않고 우는 데는 여러 가지 이유가 있다. 피곤하거나 배가 고프거나 지나친 자극을 받아도 운다. 하지만 가장 심각한 것은 보살핌을 받지 못한 상태에서 혼자 있는 것이다. 인간의 진화 과정에서 아기가 혼자 있다는 것은 무엇을 뜻할까. 그것은 부모로부터 보호받지 못한다는 것, 죽는다는 것을 뜻한다. 아기가 계속 울어서 포식자들에게 노출되면 공동체 전체의 안전이 위험해질 수도 있다. 생존을 위해서는 아기를 꼭 끌어안고 달랠 수밖에 없다. 그러한 과정에서 애착과 사랑, 보살핌의 감정이 자라났고 이것이 아기들의 안전과 자람에 결정적인 영향을 미쳤을 것이다. 인간의 심리는 예나 지금이나 크게 바뀌지 않았기 때문에 아파트에서 혼자 있는 아기와 밀림 속에서 혼자 있는 아기의 심리 상태는 다르지 않다. 아기가 우는 것은 생존을 위한 필사적인 도움 요청이다. 따라서 아기의 도움 요청을 거부하는 것은 심각한 학대로 보아야 한다. 그런데도 많은 사람들이 "아기가 우는 것은 엄마를 휘어잡으려고 하는 거야.", "손 타면 안 돼."라고 하면서 내버려두라고 부추

긴다. 갓난아기가 어른들을 휘어잡을 수 있는 사고력을 가지고 있다고 믿는 것일까? 아기가 어른들을 그렇게 휘어잡으려면 전두엽에 글루타메이트라는 화학물질이 분비되어야 한다. 이미 과학은 갓난아기의 뇌에서는 글루타메이트가 분비되지 않는다는 것을 밝혀놓았다.

아기가 울기 시작한 뒤 엄마가 90초 안에 안아줄 때와 3분 후에 안아줄 때, 어떤 반응을 보이는지에 대한 연구가 있었다. 결과는 놀라웠다. 90초 안에 아기를 안아주면 5초 만에 잠잠해졌지만 3분이 넘어서 안아주면 달래는 데만 50초 이상이 걸렸다. 시간이 갑절이 되면 달래는 시간은 열 배나 걸린 것이다.

안아주는 것이 왜 진정 효과가 있는 것일까? 엄마가 안아줄 때 아이의 뇌와 신체에서는 행복 호르몬인 옥시토신과 세르토닌, 엔돌핀이 분비된다고 한다. 행복 호르몬이라고 부르는 까닭은 이 호르몬들이 아이의 신경 체계에 지속적인 영향을 미치면 행복감과 만족감을 느껴서 편안하고 넓은 마음으로 사람들과 유대감을 키울 수 있기 때문이다.

이와 달리 엄마가 옆에 없거나 방치하면 아기 몸에서 옥시토신이 분비되지 않는다. 옥시토신이 우리 몸의 공격 중추인 편도핵에 영향을 미치지 못하면 편도핵의 신경세포들은 흥분성 전달 물질인 글루타민산염을 분비해서 시상하부에 있는 스트레스 유전자와 뇌간에 있는 경보 중추를 활성화한다. 시상하부에서 코르티솔이, 뇌간에서 아드레날린과 노르아드레날린이 분비되면 아기는 이 세상을 무섭고 힘든 곳으로 느끼게 되는 것이다.

그래서 아기들은 혼자 있는 것을 가장 싫어한다. 우리 아이들도 그랬다. 처음에는 왜 그런지 몰랐지만 아기의 심리 상태를 만들어내는 호르몬을 이해하면서 혼자 있는 아기는 이 세상에서 자신이 가장 비참한 존재, 누구에게도 사랑받지 못하는 존재라는 느낌에 혼란스러워한다는 것을 알 수 있었다. 그래서 아기들이 울 때마다 즉각적으로 반응을 해주었다. 그렇게 반응할 때 아기의 스트레스를 조절하고 관계의 기쁨과 소중함을 전달할 수 있다는 것을 온몸으로 느꼈기 때문이다.

꽃 자장가

　옛날 옛적 천하 임정국 대감과 지하 짐진국 부인이 부부가 되어 살았어. 고대광실 높은 집에서 논밭도, 노비도 많고, 부와 명예를 갖췄으니 남부러울 것이 없지. 그런데 스물, 서른, 마흔이 넘어 쉰이 가까워가도 자식이 없어 걱정이었대. 하루는 심심해서 마을 앞에 나가 팽나무 그늘에서 장기를 두고 있는데 까마귀가 시끄럽게 울었어. 나무 위를 보니 까마귀가 새끼를 낳고서 먹이를 주면서 우는 거야. 그걸 보니 자식 없는 신세가 더 서러워졌어. 조금 있으니 어디선가 큰 웃음소리가 들려왔어. 무슨 소리일까 궁금해서 웃음소리를 찾아 따라갔지. 웃음소리는 작은 움막에서 나고 있었는데 나무 돌쩌귀에 거적때기 문을 단 거지가 사는 집이었지. 거적때기 사이로 안을 들여다보니 거지 부부가 아기 재롱을 보면서 좋아하는 것 아니겠어. 멍하니 한참 쳐다보고 있는데 거지가 임정국 대감을 보고서 한마디 했대.

"아이고 재산 많은데 자식 없는 임정국 대감이 어찌 남의 집을 들여다볼까?"

임정국 대감은 그 말을 듣고 너무 상처를 받아서 집에 가서 드러누웠어. 그러고는 곰곰이 생각한 끝에 자식을 얻기 위한 백일 기도를 드리기로 했어.

제주 신화 가운데 무조, 곧 무당의 조상신인 초공 본풀이에 나오는 이야기이다. 부와 권력을 가진 임정국 대감이 자식을 가진 거지를 부러워하면서 자식을 얻기 위해서 하늘에 비는 것으로 이야기는 시작된다. 그리고 자식을 얻고 죽은 사람을 살릴 때 생명 원리의 중심인 꽃을 중심으로 이야기가 전개된다.

예로부터 우리 사회에서는 아름답거나 가치 있는 것, 종요로운 것을 꽃에 비유해왔다. 그래서 어떤 집에 경사가 있거나 아기가 태어나면 웃음꽃이 피었다고 하고, 자손이 출세하면 부모의 산소등에 꽃이 피었다고 하였다. 어디 그뿐인가. 동아리에서 이야기판이 즐겁게 진행되면 이야기꽃이 피었다고 했다. '꽃마차', '꽃길', '꽃담', '꽃가마', '꽃신'도 있다.

한자말인 '꽃 화' 자까지 포함하면 더욱 많다. 꽃처럼 아름다운 얼굴을 '화안', 아름답고 화려한 옷 '화의', 아름다운 족두리를 '화관'이라고 했다. 여성의 생애 전체가 꽃에 비유되기도 했다. 처녀는 '꽃봉오리'라고 하고, 나이를 먹으면 '꽃이 시든다'고 했다. 또, 아름다운 여인이 죽으면 '떨어지는 꽃'이라고 했다.

우리 겨레의 옛 신화에서는 꽃이 곧 생명인 것이다. 신화의 세계에서는 해가 지는 서쪽으로 계속 가면 서천국이 있고 거기에는 아름다운 꽃밭이 있는데 이를 서천꽃밭이라고 한다. 삼신할미가 가꾼 꽃밭이다. 삼신할미는 아기를 점지할 때에 그 꽃밭에서 '환생꽃'과 '번성꽃'으로 잉태를 시키고 해산을 돕는다. 이 꽃밭에는 '사람 살릴꽃', '뼈살릴꽃', '살살릴꽃'도 있다. 이 꽃들은 사람을 다시 살리는 꽃들이기 때문에 죽은 사람을 살릴 때 필요한 꽃이다. 그래서 바리데기 공주는 아버지를 살리고, 자청비는 자기가 실수로 죽인 정수남이를 살리기 위해서 서천꽃밭을 찾아갔다. 꽃을 생명 원리로 이해한 것은 농경문화가 일반화되는 시기에 식물, 특히 꽃에서 생명의 동기를 찾았기 때문일 것이다.

불교에서도 생명과 진리를 꽃으로 표현한다. '부처가 연꽃을 들고 웃으니 가섭이 웃었다'는 이야기는 우리 문화에 결정적인 영향을 끼친 선禪불교의 시작이다. 더 나아가 불교에서는 연화장 세계, 화엄 세계라는 말처럼 우주를 꽃으로 표현했다. 화엄華嚴의 '화'에는 여러 가지 뜻이 있다. 수없이 많은 잡꽃이라는 뜻도 있고 꽃이면서 꽃이 아닌 꽃, 곧 착한 행동을 말하기도 한다. 세상 사람들이 착한 행동, 곧 보살행을 통해서 만들어가는 세상이 화엄 세계인 것이다. 사람이 죽은 다음에 극락세계에 태어날 때도 연꽃에서 태어난다. 심청이 이 세상에 다시 태어날 때도 연꽃에서 나오는 것은 이러한 불교적 상상력에서 비롯된 것이다. 생명의 속살을 이렇게 온통 꽃으로 나타내는 세상에서 아기를 꽃에 비유한 자장가가 없을 리 없다. 전라도에서 많이 들을 수 있다는 꽃 자장가이다.

> 자장자장 자장가야 꽃자리에 꽃요대기
> 꽃비개에 꽃이불에 우리 애기 재워줌세
> 어서 어서 잠들어라 우리 애기 잘도 자네

나도 우리 집 주변 꽃들의 아름다움과 생명의 속살을 한뫼, 솔뫼랑 나누고 싶었다. 그래서 집 마당과 마을에 꽃들이 필 때마다 함께 나들이를 다녔고, 그 경험을 아이랑 나누면서 꽃 자장가를 불러주었다.

> 자장자장 우리 애기 자장자장 우리 애기
> 우리 마당 꽃밭에는 나비나비 날아오고
> 우리 애기 두 눈에는 소록소록 잠이 오네
> 우리 애기 자는 방은 꽃자리에 꽃요대기
> 꽃베개에 꽃이불에 우리 애기 잘도 잔다
> 자장자장 우리 애기 자장자장 우리 애기

엄마, 흔들어주세요!

"가장 힘든 건 애가 밤늦게까지 잠을 안 자고 칭얼대기만 할 때였어요. 젖을 물려도 기저귀를 갈아줘도 안 되면 무조건 애를 들쳐 업었지요. 포대기로 받치고 엉덩이를 토닥이다 보면 애 머리가 등으로 떨어지는 게 느껴져요. 한동안 그러고 있다가 쌕쌕 숨소리가 들리고 등이 따뜻해지면 그때부터가 중요하죠. 애를 깨우지 않고 눕혀야 하는데, 처음에는 힘들었어요. 처음엔 자고 있는 신랑을 발로 깨워서 잡아달라고도 했는데, 어느 순간부터 혼자서 업고 눕힐 수 있게 되었어요."

엄마들에게 아기를 재울 때 어떤 방법이 가장 효과가 있냐고 물을 때 많이 나오는 대답이다. 한뫼와 솔뫼가 어렸을 때 애들을 재우는 일은 내 몫이었다. 자장가를 불러주면 어떤 때는 쉽게 잠들었지만 그렇지 않을 때도 많았다. 그럴 때면 아내가 일어나서 포대기로 아기를 업었다. 업은 채로 "자장자장" 하고 흔들어주면 어느새 아기가 새근새근 잠들었다. 아기가 배가 고프거나 기저귀가 축축하거나 무엇에 심하게 놀라지 않은 이상 업기만 해도 표정이 풀렸다. 신기하고 부럽기도 해서 여러 번 시도해보았지만 제대로 성공한 적이 없다. 업고 있던 아기를 내려서 뉘일 때가 문제였다. 아내가 하는 것처럼 살포시 내려놓지 못하고 무언가 덜컹거리는 느낌이 드는 순간 아기가 잠에서 깼다. 그래서 대안으로 선택한 것이 흔들의자에 앉아서 내 몸 위에 올려놓고 재우는 것이었다. 업는 것만큼의 효과는 아니었지만 그래도 아이를 달래고 재우는 데 많은 도움이 되었다. 이러한 경험을 하면서 들었던 생각이 왜 업거나 안고서 흔들어줄 때 아기가 쉽게 잠들까 하는 것이었다.

먼저 생각해본 것이 업혀 있을 때의 자세가 아기한테 가장 익숙하고 편안한 것이 아닐까 하는 것이었다. 업혀 있을 때 아기의 자세는 엄마 뱃속에 있을 때와 같은 모습이다. 엄마의 넓고 든든한 등에 머리를 대고 포대기로 단단하게 감싸면 아기는 뱃속에서 엄마와 조금의 틈도 없이 느꼈던 일체감을 회복할 수 있는 것이다.

엄마와 지속적으로 피부 접촉을 하는 것 역시 뱃속에서 느꼈던 일체감과 편안한 느낌을 회복하는 데 도움이 된다. 촉각은 엄마 뱃속에서부터 이미 완성되어 있는 감각이다. 볼 수도 들을 수도 맛볼 수도 없는 어두운 공간인 자궁 안에서 촉각이야말로 아기가 자신을 둘러싼 세계를 느낄 수 있는 유일한 감각 기관이었다. 태어나서도 얼마 동안은 촉각이 다른 어떤 감각보다도 세상에 적응하는 데 도움이 된다. 아기가 손으로 무엇을 잡고 입으로 가져가는 것도 미각보다는 촉각과 관련된 행동이다. 입술은 얇은 데다가 가장 많은 신경이 분포되어 있어 아기는 무엇을 알려고 할 때 입으로 가져간다. 아기는 손과 입술과 혀를 통해서 낯선 사람과 사물을 관찰하고 친밀한 존재로 만들어간다. 그런 행동을 반복하면서 자신이 속한 이 세상을 구성하고 있는 물질의 속성들, 곧 모양, 질감, 크기 등을 이해하게 되는 것이다.

흔들리는 것, 곧 전정 감각이 아기를 재울 때 왜 그렇게 효과가 좋은지도 이리저리 생각해보았다. 나는 업어서 재우지는 못했지만 한뫼와 솔뫼가 용을 쓰면서 자지러지거나 울부짖을 때 안아 들거나 어깨에 걸쳐서 부드럽게 흔들어주면서 진정시켰던 경험을 가지고 있다. 한뫼와 솔뫼는 잠시 안고서 흔들어줄 때는 잠들기보다는 눈을 반짝이면서 주변을 탐색하거나 놀려고 했다. 그러다가 흔들어주는 시간이 길어지면 눈꺼풀이 무거워지면서 고개를 떨어뜨렸다. 최근에 그 차이를 비교한 연구 결과를 보았는데 내가 관찰한 결과와 같았다. 사실 과학적인 연구 결과를 들지 않더라도 엄마의 뱃속에서 살았던 아이의 열 달을 생각하면 당연한 것이다. 전정 감각이 완성되는 것이 임신한 지 다섯 달이라고 하니 아기는 엄마 뱃속에서 무려 다섯 달 동안이나 흔들리는 상태에서 놀고 잠을 잔 것이다. 그 과정은 다름 아닌 전정 감각의 개발이었다.

흔들어주는 것은 잠재우는 것뿐만 아니라 아이의 신체, 정서, 사회성 발달에도 아주 긍정적인 효과가 있다는 연구 결과도 있다. 조산아, 신생아를 돌볼 때 가장 중요한 치료 요법이 아기를 안거나 의자에 기대서 흔들어주는 것이다. 그렇게 할 때 아이들이 빨리 자라기 때문이다.

태어난 지 세 달에서 열다섯 달 된 아이들을 회전의자에 앉히고 한 주에 네 번씩, 4주 동안 회전시키는 실험도 있었다. 아이를 연구자의 무릎에 앉히고 열 번 회전시킨 후 갑자기 정지시키는 실험이었다. 이러한 실험을 하지 않은 대조군과 비교했을 때 회전을 통해서 전정 자극을 받은 아기들이 인지, 정서, 신체 발달 모든 측면에서 눈에 띄게 좋아졌다고 한다.

아기를 만지는 것과 흔들어주는 것이 아이들에게 미치는 영향을 비교한 연구도 인상적이었다. 연구에 의하면 만지는 것보다도 흔들어주는 것이 훨씬 더 효과적이었다고 한다. 현대 과학은 최근에야 비로소 만져주고 흔들어주고 냄새 맡는 모든 자극이 동시에 주어지는 업기가 얼마나 중요한지 설명해주고 있다. 엄마와 할머니들은 오래전부터 이미 경험을 통해 알고 있었지만.

업기의 효과는 또 있다. 집안일과 애를 달래고 재우는 것을 함께 할 수 있다는 것이다. 아기를 재울 때 가장 중요한 것이 부모의 안정된 심리상태이다. 특히 부모의 목소리는 아기를 재울 때 큰 영향을 끼친다. 부모가 긴장하거나 초조하거나 불안해지면 그 목소리가 아기의 스트레스 체계를 활성화시키기 때문에 잠을 잘 못 자기 마련이다. 그러한 경험을 한 엄마는 이렇게 표현했다.

"우리 애들은 민감했는데 그때 제가 애를 빨리 재우고 다른 일을 해야 한다는 생각에 애를 재울 때 충분히 눈을 맞추고 공감하지 못했던 것 같아요. 겉으로는 짜증을 내지 않았지만 내 표정과 분위기로 다 느끼고 있었겠지요."

업으면 아기는 아기대로 편안하고 엄마도 손발이 자유로워져서 일을 하면서도 잘 재울 수 있다. 엄마의 마음이 편안하면 아기는 꿈속까지 편안하게 되는 것이다.

포대기를 통해서 아이랑 항상 접촉하게 되면 엄마도 아이가 무엇을 좋아하는지, 싫어하는지, 아이의 기분이 어떤지 몸으로 금방 파악할 수 있다는 것도 장점이다. 우리는 말을 하지 않고서도 눈치로 서로의 마음을 파악하는 경우가 많은데 포대기 문화가 만들어낸 소통 능력이 아닐까 생각해본다.

다문화 사회와 자장가

"부끄러워서 못 말하겠어요."

"이샨, 부끄럼 잘 안 타잖아."

"인도 말이라 알아듣기 어려울 거예요."

인도에서 온 '이샨'은 매사에 적극적으로 말하고 행동하는 아이였다. 그런데 이 아이가 인도 말이나 문화에 대한 이야기가 나오면 멈칫거릴 때가 많았다. 문화 경험이 다른 아이들에게 자기 경험을 설명하기도 어렵고 설명할 때의 어색한 분위기가 자신이 소수자임을 깨닫는 당혹스러운 순간이기 때문이었을 것이다. 하지만 이제 많이 친해진 아이들이 궁금한 얼굴로 여기저기서 재촉하자 용기를 내어 인도 말로 자장가를 부르기 시작했다.

"마야 모래도 마야 모래도……."

잔잔하게 반복되는 편안한 노래를 처음 듣는 아이들도 어렵지 않게 따라 불렀다. 이샨도 아이들도 즐거워했다. 그때 한 아이가 이샨에게 말했다.

"우리말로 불러줄래?"

"그건 좀……."

이샨은 당황한 듯 머리를 긁적였다.

"그래, 인도 말을 바로 우리말로 바꿔서 부르기는 어려울 것 같고……. 어떤 뜻인지만 얘기해주는 게 어때?"

"무서운 것도 없고 잘 자라 그리고 사랑해 나쁜 녀석들이 너를 안 데려갈 거야 이런 뜻이에요."

"인도 자장가 들으니까 어땠어요?"

"졸려요."

아이들이 합창하듯 말했다.

"효과 확실한데!"

김 선생의 말에 이샨도 웃었다.

"엄마는 어떤 마음으로 불러주셨다고 하셨지?"

"엄마는 제가 사랑스러웠대요. 아빠도 자장가는 불러주지 않았지만 저를 업어주셨다고 하고요. 아빠도 그때 제가 너무 귀엽고 사랑스럽다고 하셨어요."

"너는 그 말을 들으면서 기분이 어땠어?"

"좋았고, 엄마 아빠가 저를 사랑하는 걸 느꼈어요. 눈물 날 뻔 했어요."

"우리나라 1학년 중에서 인도 친구가 불러주는 인도 자장가를 들어본 사람은 아마 없을 거야."

"있어요!"

"누구?"

"우리들이요."

"하하하!"

그 뒤로도 아이들은 계속 인도 자장가를 흥얼거렸다. 기억이 안 나면 후렴구를 다시 물었다. 그럴 때마다 이샨은 뿌듯해했고 그렇게 마음을 나눌 수 있게 되자 다른 아이들과 훨씬 가까워졌다. 김 선생이 이샨에게 기분이 어떠냐고 물었다. 이샨은 밝은 얼굴로 어깨를 으쓱하며 대답했다.

"어렸을 때 생각이 나서 기분이 좋았고요. 아이들이 우리 인도 말을 따라 부르면서 저한테 자꾸 물으니까 제가 선생님이 된 것 같았어요. 그리고 우리나라 인도에 대해 뿌듯한 마음이 생겼어요."

그렇게 아이들과 친해진 이샨은 2학년이 되어서 부회장 선거에 나갔고 당당하게 당선되었다. 그때 이샨의 공약은 네 가지였다고 한다.

"친구를 잘 돕겠습니다."

"우정대화법을 저부터 잘 하고 친구들에게 알려주겠습니다."

"괴롭힘이 있을 때는 멈춰 제도를 지키고 알리겠습니다."

"선생님도 힘들지 않도록 돕겠습니다."

자기 문화 특히 민속을 강조하면 민족주의적인 편향이 생길 것이라고 믿는 사람들이 있다. 자기 문화만이 옳고 다른 문화가 미개하거나 수준이 낮다고 생각하면 그럴 수도 있을 것이다. 나는 서로의 깊은 뿌리를 이야기하면서도 존중할 수 있다면 민속 문화의 교류는 서로를 성장시키는 계기가 될 수 있다고 믿는 편이다. 김 선생의 자장가 수업이 이를 잘 보여주고 있다. 아이들은 서로의 자장가를 듣고 부르면서 자기 가족의 이야기뿐만 아니라 다른 가정, 다른 나라 문화의 훌륭함과 아름다움에 대한 존경을 감동적으로 드러내었다.

어떤 사람들은 한국의 자장가가 세계에서 아기들을 가장 잘 재울 수 있는 노래라고 말한다. 하지만 외국의 아이들에게 한국의 자장가가 그렇게 좋은 효과가 있다고 누가 자신 있게 말할 수 있을까? 다른 나라의 아이들한테는 그 나라의 모국어, 부모의 입에서 나오는 자장가가 가장 좋다고 보는 것이 옳을 것이다.

글자는 더 훌륭한 글자가 있을 수 있겠지만, 말의 문화는 서로 더 낫고 모자란 것이 없다. 한국의 자장가만 훌륭한 것이 아니라 부모의 입술에서 나오는 모든 자장가는 똑같이 훌륭하다. 우리 엄마가 세상에서 가장 좋은 엄마라는 각자의 생각이 다른 사람들이 자기 엄마를 그렇게 생각하는 것과 충돌하지 않는 것처럼.

자장가의 음악적 비밀

전 세계 어디서나 엄마들은 아기에게 자장가를 불러준다. 이렇게 인간 사회 어디에서나 자장가를 발견할 수 있는 것은 자장가가 인류 최초의 노래이기 때문일 것이다. 옛날 숲에서 생활할 때 아기를 제대로 잠들게 하는 것은 공동체 구성원들의 삶과 죽음이 걸린 일이었다. 어두운 밤 아기가 불안해할 때마다 엄마는 아기를 꼭 안고 말로 얼러주었을 것이다. 그것이 자장가의 시작이 아니었을까. 그래서 나는 자장가를 사람들이 말을 하기 시작할 때부터 있었을 것이라고 생각한다.

한뫼가 태어났을 때 부모님이 우리에게 불러준 자장가와 아기 어르는 소리로 아이를 기르고 싶었다. 하지만 어머니가 교통사고로 치매를 앓고 있었고, 아버지는 일찍 돌아가셔서 내 바람을 이룰 수 없다고 생각했다. 그런데 어느 여름날 한뫼를 물끄러미 지켜보던 어머니가 나지막한 소리로 자장가를 부르기 시작했다.

자장자장 우리 애기 자장자장 우리 애기
꼬꼬닭아 우지 마라 우리 애기 잠을 깰라
멍멍개야 짖지 마라 우리 애기 잘도 잔다
자장자장 우리 애기 자장자장 우리 애기

어머니의 몸과 마음속에 자장가가 얼마나 깊이 새겨져 있는지 알 수 있었던 놀라운 장면이었다. 어머니는 그 뒤에도 가끔 자장가를 불러주었는데 한뫼는 내가 불러줄 때보다 훨씬 쉽게 잠이 들었다. 이 빠진 소리로 손자에 대한 사랑이 가득한 상태에서 불러주는 그 자장가는 내가 표현할 수 없는 어떤 것이 분명히 있었다. 그때부터 가졌던 생각이 할머니들이 불러주는 자장가에 어떤 음악적 비밀이 있어 아기들을 쉽게 잠들게 할 수 있을까 하는 것이었다.

그래서 모차르트 자장가와 우리 자장가의 노랫말을 비교해보았다. 우리 자장가는 입에 잘 붙는 입말이었고 꼬꼬닭이나 멍멍개처럼 우리 일상에서 볼 수 있는 동물들을 끌어들여 친근한 느낌이 들었다. 그래서인지 우리 자장가는 "자장자장 우리 아가"라는 노랫말에 어떤 말이라도 이어 붙여서 계속 부를 수 있었다. 이와 달리 모차르트 자장가는 글말이라서 노랫말이 입에 잘 붙지 않았고 외우기도 힘들었다. 그래서 모차르트 자장가를 불러주려면 통째로 외워서 불러야 했다.

박자에서도 차이가 있었다. 모차르트 자장가는 느린 3박자 리듬을 탄다. 이와 달리 우리 자장가는 크게 보면 4박자로 이루어지는 것이 특징이다. 3박자에 비해서 4박자는 심리적인 안정감을 주는 박자이다. 그런 안정감 속에서 가락이 끊임없이 되풀이된다.

4박자 안에도 또 다른 음악적 장치가 있다. 한 박자를 3분박으로 쪼갠다. 발음할 때 "자장 자장 우리 아기"가 아니라 "자자하앙 자자하앙 우리히이 애기히이 자자하앙 자자하앙 우리히이 애기히이"라고 발음하는 것이다. 중간에 'ㅎ' 소리가 들어가는데 이 소리를 '기음'이라고 한다. 이 기음이 들어가야 우리 음악의 맛이 살아난다. 요즘 서양 발성으로 노래를 배운 젊은 세대들이 자장가뿐만 아니라 우리 소리를 배울 때 어려워하는 것은 바로 이 때문이다. 그들은 노래할 때 "자장자장 우리 아기"라고 정확하게 발음을 하는데 그렇게 하면 노래에 배어 있는 그 맛이 우러날 수가 없다. 자장가뿐만 아니라 우리 음악의 모든 발성이 그렇게 이루어진다. 진도 아리랑 가운데 "문경 새재는 웬 고개뇨"를 기음을 넣어서 부르면 다음과 같은 발음이 된다.

무훈경 새해재해는 웬 고호호개헤뇨

판소리도 마찬가지이다. 쑥대머리 가운데 "쑥대머리 귀신형용 적막옥방 찬자리에"의 발음은 이렇게 복잡하다.

쑤훅대해애 머허리이히 귀이히시이힌혀어헝요호옹 저어헉마아
학 오호옥바아항 차아한자하아리히이에에헤

기음은 노래 부르는 사람의 속을 시원하게 해준다. 단전에서 나와 목구멍을 치고 나오는 그 소리로 노래하다 보면 답답한 마음이 저 멀리 달아난다.

우리 자장가가 백색 소음에 가까워서 아기를 잘 재운다는 주장도 있다. 백색 소음은 파도 소리, 바람 소리, 환풍기 소리, 구구단 외는 소리 등을 말한다. 평상시에는 주의를 잘 끌지 못하는 단순한 소리, 일정한 소리의 세기, 평탄한 소리의 스펙트럼, 소리의 반복성 및 규칙적 패턴과 같은 음향학적 특징을 가지고 있는 배경음이 백색 소음이다. 아기가 엄마 뱃속에서 듣는 심장 박동 소리, 혈액이 흐르는 소리, 배에서 나는 꼬르륵거리는 소리 역시 백색 소음이다. 열 달을 백색 소음 속에서 살아왔기 때문에 그 소리에 가까운 우리 자장가가 아기를 재우는 데 효과가 있다는 것이다. 일리가 있지만 배경음의 효과만을 강조하는 것은 문제가 있다고 생각한다. 엄마, 아빠가 불러주는 자장가의 뜻과 속살을 생각하지 않고 녹음된 백색 소음을 아기에게 들려주는 것이 유행인데 이는 관계를 외면한 상술로 이어질 수밖에 없다. 그러한 점에서 일본에서 최근 유행하고 있다는 '특허 받은 자장가'의 효과에 대한 과장된 광고는 의심해보아야 한다. 효과가 없다는 것이 아니라 그 소리가 과연 자장

가를 통해 부모와 아기 사이에 만들어지는 기대와 열망, 깊은 유대와 소속감을 대신할 수 있는가 의문이 들기 때문이다.

자장가, 아름다운 대화

 햇살이 눈부신 3월 초순, 어느 날이었다. 새벽에 눈이 내려 산마루와 그늘에는 아직 녹지 않았고 낮은 곳에는 눈이 사라진 상쾌한 날이었다. 한뫼와 함께 냇가로 나들이를 갔다. 우리 마을은 뒤쪽으로는 두 개의 산봉우리가 어머니의 가슴처럼 봉긋하게 솟아 있고 마을 앞으로는 넓은 시냇물이 흐르는 시골 마을이다. 역사도 깊어서 마을 앞뒤로 고인돌 두 개가 있다. 어렸을 때 화살촉과 간돌검을 발견했다는 소문이 돌기도 했다. 나중에 어른이 되어서 지역 역사책에서 우리 마을 유물 이야기를 확인할 수 있었다.
 한뫼 손을 잡고 마을 앞으로 난 길을 따라서 냇가를 향해 걸었다. 봄까치꽃과 냉이꽃이 여기저기 피어 있었다. 냉이꽃은 다른 때는 3월 중순 이후에야 볼 수 있는데 그해에는 날씨가 따뜻해서 꽃들이 서둘러 나왔던 것으로 기억한다. 그 꽃들이 우리 발걸음을 붙잡았다. 한뫼가 마을 어귀 아직 햇빛이 닿지 않는 둔덕에서 눈

덮인 꽃다지 꽃을 발견했기 때문이다. 꽃다지의 노란 꽃송이가 하얀 눈을 배경으로 눈부시게 빛났다. 그리고 보면 우리 강산에서 초봄에 피는 꽃들은 노란 꽃들이 많다. 산에 피는 생강나무 꽃과 복수초, 양지꽃이 그렇고, 마을에서 볼 수 있는 산수유와 개나리, 들판의 민들레도 노란 빛이다. 봄은 겨울의 회색 또는 검은색 느낌을 밝고 노오란 빛깔로 대비시켜서 보여주려는 걸까? 어느 시인은 노란 꽃들을 겨울을 깨우는 꽃이라고 했다. 그것도 좋지만 나는 봄을 여는 꽃이라는 표현을 더 좋아한다. 가끔 주변 사람들에게 두 개의 표현 가운데 어떤 것이 더 실감이 나는가 물으면서 봄을 즐기기도 한다.

한뫼도 그 노란 빛깔에 취했나 보다. 그 앞에 한참을 앉아서 만지면 스러질 듯 조심스럽게 꽃송이를 쓰다듬었다. 그러고는 처음에 가려고 했던 냇가까지 갈 마음을 잃었나 보다. 아빠 손을 잡고 집으로 가자고 한다. 아내와 함께 냇가의 갯버들 꽃이 벙거지를 벗는 모습을 보고 싶었지만 포기할 수밖에 없었다.

잘 때가 되어서 불을 끄고 커튼을 쳤다. 한참 동안 자장가를 불러주었는데 보통 때라면 잠들었을 만한데 오늘은 눈이 더 말똥말똥하다. 그러고는 아빠한테 살며시 묻는다.

"아빠? 새싹하고 꽃들은 밤에 안 무서워?"

아기들은 뭔가 불안하거나 생각나는 것이 있으면 잠에 들지 못한다. 그때는 마음을 달래주는 것이 좋다. 내가 생각하는 가장 좋은 방법은 자장가 노랫말에 불안을 달래주는 속살을 담는 것이다.

자장자장 우리 애기 자장자장 우리 애기
깜깜한 밤 새싹들은 무서워 잠을 어떻게 자나
하늘에 계신 별님달님 자장가를 불러주네

가만히 노래를 다 듣더니 밖으로 나가자고 했다. 별님들을 봐야 하겠다는 것이다. 달은 이미 서쪽으로 넘어갔고 하늘에는 수많은 별들이 반짝거렸다. 내 경험으로는 별을 보고 신비한 느낌을 받으려면 적어도 한눈에 볼 수 있는 별들이 수백 개가 되어야 한다. 도시 사람들이 별들을 보고 특별한 느낌을 받지 못하는 것은 도시에서 보는 별들이 수십 개밖에 되지 않기 때문일 것이다. 더구나 그 수십 개의 별들조차 희미하니 그저 배경화면으로 받아들여질 뿐이다. 다행히 우리 집은 시골이라 캄캄한 하늘에서 수백 개의 별들이 쏟아져 내렸다. 그 많은 별들이 자장가를 불러준다고 생각했나 보다. 걱정이 사라졌는지 방으로 가자고 한다. 다시 재우려고 자장가를 불렀더니 또 물었다.

"아빠, 새싹들은 안 추워?"

쌀쌀한 바깥 날씨를 느끼고는 새싹들이 춥지 않은지 걱정되었던 것이다. 마음을 어떻게 달래줄까 고민하다가 이런 자장가를 불러주었다.

자장자장 우리 애기 자장자장 우리 애기
별님달님 자장가 소리 온 세상이 잠이 들고
흰 구름이 사뿐 내려 새싹들을 덮어주네

두 자장가를 번갈아가면서 한참 불러주었더니 어느덧 쌔근쌔근 숨소리가 들려온다.

갓난아기였을 적에 자장가를 불러주면 한뫼는 아빠를 놓치지 않겠다는 듯이 얼굴을 어루만지다가 잠이 들었다. 이러한 몸짓은 불안감을 달래고 유대감을 높이는 효과가 있었다. 하지만 서로의 경험을 나눌 수는 없다. 그런데 세 살이 넘어 한뫼가 이야기를 할 수 있게 되자 함께 하는 경험들이 자장가 속으로 녹아들기 시작했다. 자장가에 우리의 이야기들이 주렁주렁 열리기 시작한 것이다. 나는 한뫼와 솔뫼가 여덟 살이 될 때까지도 가끔 자장가를 불러주었다.

자장, 그 낱말이 지닌 힘

자장자장 우리 애기 자장자장 우리 애기
먹고 자고 먹고 놀고 먹고 자고 먹고 싸고
굼실굼실 잘도 노는 우리 애기 잘도 잔다
엄마 품에 꼭 안겨서 쌔근쌔근 잠노래를
그쳤다가 또 하면서 우리 애기 잘도 잔다

목련꽃이 지는 봄날이었다. 일요일이라 한뫼랑 마당에 나가서 한참 놀았다. 그날따라 먹기도 잘 먹고 잠잘 때도 자장가 한 소절을 부르자마자 바로 잠이 들었다. 모든 게 좋은 날이었다. 마음에 여유가 생겨 가만히 앉아 있는데 문득 한 가지 생각이 떠올랐다. 자장가를 불러주면 아기들을 쉽게 재울 수 있는데 '자장'이라는 낱말에도 어떤 힘이 담겨 있지 않을까 하는 것이었다. 옛날 사람들은 말 속에 신성한 힘이 있다고 믿었다. 당연히 '자장'이라는 말에도 아이들을 지키는 신성한 힘이 있다고 믿었을 것이다. 그런데 내가 생각한 것은 그러한 초월적인 힘이 아니라 그 낱말이 지니는 소리 빛깔이 우리 마음에 미치는 효과였다.

먼저 말이 지닌 독특한 소리 빛깔 곧, 음색을 떠올려보았다. 우리말 닿소리는 하나하나가 특별한 소리 빛깔을 가지고 있다. 'ㄱ' 소리는 딱딱하고 막힌 느낌이 든다. '각박하다', '딱딱하다', '똑똑하다' 같은 말이 그렇다. 처음 낱말을 만들 때 우리 겨레는 무의식적으로 그 사물이 주는 느낌과 그 사물을 부르는 낱말, 소리 빛깔을 연결시켰을 것이다. '누나', '노을', '눈'처럼 따뜻하고 부드러운 느낌을 주는 사람이나 사물은 'ㄴ' 소리가 주는 따뜻하고 부드러운 느낌이 연결된 것처럼.

그래서 '자장'이라는 낱말이 지닌 소리 빛깔을 살펴보았다. '자장'은 '자자'라는 움직씨에 'ㅇ'이 붙어서 만들어진 느낌말, 곧 감탄사이다. 왜 많은 홀소리를 제쳐두고 잠과 관련된 낱말은 '졸리다', '자다', '자장', '자랑'에서 볼 수 있는 것처럼 'ㅈ'을 많이 썼을까? 'ㅈ'은 가볍거나 밝은 느낌은 아니다. 약간은 무겁고 우울한 느낌이다. 그래서 'ㅈ'이 들어간 말들은 '짙다', '꾸짖다', '우짖다', '짓궂다'처럼 밝은 느낌과 거리가 멀다. 하지만 'ㅈ'에 홀소리 'ㅏ'가 결합되면 좀 더 밝은 느낌이 든다. '지지'라는 낱말과 '자자'라는 말소리를 비교해보면 누구나 알 수 있는 사실이다. 여기에 'ㅇ'이 붙으면 또 다른 느낌이 생긴다. 'ㅇ' 소리는 맑고 밝은 느낌을 준다. 건조한 것이 아니라 윤기가 있고 부드럽다. '엄마', '어화둥둥', '붕붕', '아롱 아롱', '옹알옹알', '예쁘다' 등 작고 귀엽고 아름다운 사물과 개념에 예외 없이 'ㅇ' 자가 사용되는 것은 이러한 까닭이다.

'자자'라는 약간은 무겁고 가라앉은 느낌의 소릿값이 'ㅇ'과 연결되어서 부드럽고 따뜻한 느낌으로 바뀐다. 아기가 잠들 때는 안정감이 있어야 하는데 너무 가벼우면 놀고 싶을 것이고 너무 무거우면 스트레스를 받을 테니 참으로 알맞은 소리 빛깔이다. 비슷한 보기로는 '딩동댕'이 있다. 'ㄷ'은 딱딱하고 건조한 느낌이라서 'ㄷ'이 쓰이는 낱말은 '도마', '부두', '담배' 등 무거운 낱말이 많다. 그리고 문장을 마무리할 때도 '다'로 끝나는 경우가 많다. 하지만 그러한 'ㄷ'도 '딩동댕'처럼 'ㅇ'이 붙으면 경쾌한 느낌이 생겨나는 것이다.

물론 '자장'이라는 말은 아이들이 잠을 자려고 하는 상황에서만 그 소리 빛깔이 살아난다. 그래서 자장가를 불러줄 때는 아이가 잠잘 수 있는 분위기를 먼저 만들어야 한다. 한뫼가 태어난 후 아내는 친정에서 산후 조리를 했다. 그때 발견한 것인데 아내와 장모님은 한뫼를 재울 때면 반드시 불을 끄고 커튼을 쳐서 어두운 분위기를 만들었다. 그리고 텔레비전이나 라디오를 꺼서 조용한 분위기를 만든 다음에 자장가를 불렀다. 하루에 몇 번을 재우더라도 그러한 과정을 되풀이하는 것을 보면서 세시풍속이나 통과의례처럼 잠재우기도 하나의 의례라는 생각을 했다. 세시풍속은 일 년의 특정한 시기에 공동체에 속한 사람들이 같은 시간에 같은 음식을 먹고 같은 놀이를 하는 것을 말한다. 그러한 세시풍속의 기능은 같이 사는 사람들이 함께 살고 있다는 느낌들, 곧 동아리의 정체성을 만드는 것이다. 백일잔치, 돌잔치, 혼인, 회갑 등 통과의례 역시 마찬가지이다. 한 사람의 성장 과정에는 여러 가지 위기가 있을 수 있다. 그 사람의 사회적인 위치가 변했는데 아무도 관심을 가져주지 않는다면 어떤 기분일까? 비참한 느낌이 들 수밖에 없다. 그러한 상황에서 사회는 공동체를 구성하고 있는 사람들이 한 사람을 위해서 마음을 써줄 수 있는 장치와 제도를 만드는데 그것이 바로 통과의례이다. 요즘 서유럽의 의례 연구는 그 사회를 유지할 수 있게 하는 공유 지식을 창조한다는 점을 강조하고 있다. 나는 의례를 공유 지식 만들기로 국한시키는 것에 동의하지 않는다. 의례는 단순히 공유 지식만을 창조하는 것이 아니기 때문이다. 함께 먹고 노는 과정에서 공통의 감각과 공통의 감정도 만들어진다. 의례는 서로의 몸과 마음을 연결하고 공동체를 만들어내는 접착제인 것이다.

나는 자장가를 한 사람이 경험하는 최초의 의례라고 생각한다. 그 의례에서 '자장'이라는 말이 가진 뜻은 아주 중요하다. 커튼을 치고 조용하게 만드는 것까지는 어른들의 행동일 뿐, 공동 행동이 아니다. 하지만 아이 옆에 누워서 '자장'이라고 말하는 순간, 공통의 감각과 의식, 감정이 엄마, 아빠와 아이 사이에 생겨난다. 아이는 자장가를 들으면서 사회적 관계를 맺는 핵심적인 원리를 배우고 내면화하게 된다. 더구나 모든 집에서 모든 엄마, 아빠들이 같이 자장을 불러주기 때문에 무의식 속에서 겨레의 문화와 이어진다. 그 결과 어른이 되어서도 우리는 자장이라는 말을 듣게 되면 자고 싶다는 느낌이 드는 것이다. 자장가에 관련된 수업을 한 선생님한테 들은 이야기이다.

"부모님이 불러주신 자장가를 소개하는 시간이었어요. 아이들한테 직접 노래를 부르는 것이 좋겠다고 했더니 한 아이가 '자장자장 우리 애기'라고 하면서 가사를 제대로 갖춘 노래를 불렀는데, 아이들 반응이 재미있었어요. 몇 명의 남자아이들이 '아이고 졸려' 하면서 책상에 엎드려 자는 시늉을 했어요. 또 다른 남자아이가 섬집아기를 불렀더니 그 애들이 똘망똘망한 눈빛으로 음악을 감상하는 태도로 변하더라고요. 신기했어요."

자장이라는 말은 우리 겨레의 문화적 경험 속에서 잠의 세계로 초대하는 열쇳말이다. 그래서 자장이라는 말을 듣게 되면 우리는 긴장이 풀리고 몽롱해지는 느낌이 든다.
그러면 다른 나라의 자장가들은 우리의 '자장'이라는 낱말처럼 아기들을 재우는 열쇳말을 가지고 있을까? 모차르트 자장가 등 서양 자장가에서는 그러한 낱말을 찾을 수 없었다. 연구 결과를 찾아빠도 그렇게 앞부분에서 반복되는 낱말은 '부우베주 부우베주'라는 말이 반복되는 몽골 자장가 등 몇몇 자장가밖에 없었다. 모차르트 자장가 등 서양 자장가들은 양이나 작은 새 등 다른 사물들도 잔다는 노랫말을 통해서 또는 부드러운 음색을 통해서 잠자는 분위기를 만든다. 잠자기를 하나의 의례로 본다면 의례를 시작하는 열쇳말이 있다는 것은 큰 장점이다. 잠재우는 기능은 물론 그 사회의 문화적 통합에도 그만큼 강력한 효과가 있기 때문이다. 자장가는 그렇게 예나 지금이나 사람들의 마음을 잇고 있다.

소쩍새 자장가

　산골짜기에서 오래 살다 보니 자연스럽게 꽃피는 순서를 몸에 익혔다. 매화가 지면 목련, 목련에 이어서 살구꽃, 복숭아꽃 등이 연달아 피면서 마음을 설레게 한다.
　새 소리도 들려오는 순서가 있다. 우리 집 가까이에서는 새벽부터 지빠귀 소리, 참새, 멧새, 까치 소리로 이어진다. 이러한 새들은 까치를 빼면 몸집도 작고 소리도 크지 않아 분명하게 들리는 것은 수십 미터에 불과하다. 그런데 철새들 가운데는 뻐꾸기처럼 소리가 골짜기 전체를 울리면서 사람들을 동시에 반응하게 하는 힘을 가진 새들이 있다. 뻐꾸기와 같은 철새들이 찾아오는 데도 순서가 있다. 우리 집에는 3월 5일쯤 찌르레기가 찾아온다. 그리고 4월 말쯤에는 여름 철새들의 소리가 들리기 시작해서 5월에는 골짜기에 새들의 소리로 가득 찬다. 뻐꾸기 소리가 처음 들리는 때쯤 피는 꽃이 있다. 뻐꾸기와 함께 핀다고 해서 뻐꾹채이다. 우리 마을 입구에는 무덤이 하나 있는데 그 무덤 뒤쪽에 뻐꾹채가 핀다. 그래서 나는 5월 10일을 전후해서 가족들과 뻐꾹채를 찾아간다. 그때 뻐꾸기 소리를 들으면서 솔뫼랑 불렀던 노래이다.

뻐꾹 뻐꾹 뻐꾸기 어디에서 사나?
뒷산에서 살지
뭐 먹고 사나?
벌레 먹고 산다
누구하고 사나?
엄마하고 산다
누가 길러주나?
작은 새가 길러주지?
뻐꾸기 어떻게 우나?
뻐꾹 뻐꾹 뻐 뻐꾹 하며 운다

'꿩 꿩 장서방'이라는 전래동요 가락에 뻐꾸기 노랫말을 얹어서 부른 것이다. 이 노래는 새를 보고 서로 마주 이야기하듯 노래하는 것이 특징이다. 아이들은 노랫말 바꿔 부르기를 좋아해서 보는 새마다 성씨를 바꿔가면서 부른다. 뻐꾸기를 보면 뻐꾸기 노래를, 박새를 보면 박새 노래를. 그래서 한뫼와 솔뫼는 초등학교에 들어갈 때쯤 우리 마을에 사는 텃새와 철새 수십 종류에 대한 노래를 할 수 있었다. 새 이름부터 무엇을 먹는지, 어디서 사는지, 어떻게 우는지까지 알게 되니 통합적인 배움이 되었다. 좀 더 자라서 철새와 관련된 노래를 할 때는 생각이 더 확장되었다. "너 어디서 왔니?"라고 물었기 때문이다. 여름 철새라면 "강남, 또는 필리핀에서 왔지."라는 노랫말이 되고 겨울 철새가 되면 "만주나 시베리아에서 왔지."라는 대답으로 이어졌다.

뻐꾸기 소리는 옛사람들의 상상력을 자극했다. 뻐꾸기와 관련된 이야기만 해도 떡국새, 풀국새, 박국새 이야기가 있다. 같은 뻐꾸기인데 이름이 지역마다 다르다. 소리 역시 지역마다 다르게 듣고 표현했는데 판소리를 보면 충청도나 경상도 지역에서 유행한 새타령은 '뻐꾹 뻐꾹'이라 하고, 호남에서는 '쑥꾹 쑥꾹'이라고 노래했다. 일제 강점기에 사람들은 그 소리에 '복국復國'이라는 뜻을 담았다고 한다. 그때 나온 시이다.

새가 새가 나러든다 복국조가 나러든다
이 산으로 가며 복국! 저 산으로 가며 복국!
청산진일 피나도록 복국복국 슬피우니
지사혼이 네 아니냐

옛날 새타령으로 유명한 이동백 명창이 공연을 할 때는 홍보가를 하든 춘향가를 하든 중간중간 관객들이 "새타령!", "새타령!" 연호하면서 새타령을 불러달라고 했다. 그리고 "이 산 가야 뻐꾹, 저 산 가야 뻐꾹, 뻑 뻐꾹" 하는 대목에 이르면 노래하는 사람이나 듣는 사람이나 함께 눈물을 흘렸다고 한다. 그 시기에는 공연장에 순사들의 자리가 있었다. '임석경관석'이라고 했는데, 일제를 비난하거나 광복과 관련된 내용이 있으면 바로 그 자리에서 공연을 금지시키기 위한 장치였다. 하지만 순사들이 뻐꾸기 소리에 담긴 뜻과 속살을 몰랐기 때문에 금지시키지 않았다고 한다.

5월이 되면 밤에 소쩍새 소리를 들을 수 있었다. 한뫼가 한 살 때였다. 노랫말 그대로 앵두가 빨갛게 익은 5월의 마지막 밤이었는데, 그날따라 한뫼가 더워서인지 잠이 들지 않았다. 여러 가락을 부르다가 힘이 들어서 쉬고 있는데 조용해지니 바깥에서 소쩍새 소리가 들렸다. 그때 불렀던 자장가다.

> 앵두 빨갛게 익어가는 5월의 마지막 밤
> 뒷산에는 소쩍새가 소쩍소쩍 울고 있네
> 소쩍새 아가 잠 못 들어 자장가를 불러주나
> 소쩍소쩍 자장가 소리 우리 애기 잘도 잔다

나중에 아이랑 나들이를 할 때 이 자장가는 아이와 자연을 연결하는 매체가 되었다. 아이들은 나보다 소쩍새 소리를 먼저 알아듣고 좋아했다. 그래서 4월이 되면 온 가족이 설레는 마음으로 소쩍새 소리를 기다렸다. 그리고 소쩍새 노래를 불렀다.

소쩍 소쩍 소서방 어디에서 사나?
뒷산에서 살지
뭐 먹고 사나?
쥐 잡아 먹고 산다
누구하고 사나?
엄마하고 산다
소쩍새 어떻게 울지?
소쩍 소쩍 하고 운다.

좀 더 자란 뒤에는 소쩍새 우는 소리에 관한 옛날이야기를 해주었다. 옛날에는 소쩍새 울음소리로 농사의 풍년과 흉년을 점쳤다는 이야기이다. 소쩍새는 풍년이 될지 흉년이 될지 미리 알고 있어서 풍년이 들 것 같으면 솥이 작을 것을 걱정해서 '솥적 솥적' 울고 흉년이 들 것 같으면 솥이 텅 빌 것이라고 '솥탱 솥탱' 하고 울었다는 것이다. 이 이야기를 들은 다음에는 소쩍새 소리를 들을 때마다 솥탱 솥탱 우는지 솥적 솥적 우는지 귀 기울이던 모습이 정말 깜찍했다. 내가 듣기에는 별 차이가 없는데 어떤 때는 솥적 솥적 운다고 하고 어떤 때는 솥탱 솥탱 운다고 하면서 아빠한테 우기는 것을 보는 것이 또 하나의 재미였다.

이것은 다 자란 지금도 마찬가지이다. 한뫼가 열아홉 살 때의 일이다. 밤늦게 같이 집에 들어가고 있는데 갑자기 멈춰 서더니 나에게 말했다.

"아빠, 소쩍새가 솥탱솥탱 하는 것 같지 않아요?"

물소리 자장가

　겨울이 되면 아버지는 소반재 너머 갱치뒷산으로 나무를 하러 가셨다. 소반재는 산 날망이 소반같이 생겼다고 해서 부르는 뫼 이름이다. 아버지는 어떤 때는 일찍 나뭇짐을 지고 산에서 내려오셨지만, 저녁 늦게까지 오시지 않을 때도 있었다. 그때마다 내가 아버지를 기다리던 장소가 있었다. 아버지가 왜 안 오실까 궁금해지면 마을 사람들이 돼지 무덤이라고 부르는 곳에서 기다렸다. 그 무덤은 다른 무덤보다 몇 배 컸는데 어렸을 때는 진짜 돼지가 묻혀 있는 줄 알았다. 나중에 아버지가 그 무덤 주인이 마을 땅을 거의 다 가지고 있었던 지주였는데 너무 욕심이 많아 마을 사람들이 돼지 무덤이라고 부른다는 것을 알려주셨다. 그 무덤 주변은 내가 봄에서 가을까지는 아침에 소를 매어놓고, 겨울이 되면 눈썰매를 타는 곳이었다. 지금도 가장 선명하게 기억하는 장면 중에 하나가 무덤 상석에 앉아서 마을 앞으로 펼쳐진 경치를 보는 것이었다. 다른 아이들과 함께 보는 것도 좋았지만 혼자서 바라볼 때도 좋았다. 초가지붕들이 겹쳐 있고 그 앞에 냇물과 논, 저 멀리에서 묏부리들이 흘러가는 모습은 우리 마을에 대한 내 어릴 적 기억 가운데 가장 아름다운 그림이다. 지금도 그 무덤에 가서 경치를 바라보면 상록수의 시인 심훈이 1926년에 발표한 「나의 강산이여」라는 시가 떠오른다.

> 높은 곳을 올라 이 땅을 굽어보니
> 큰 봉우리와 작은 멧부리의 어여쁨이여,
> 아지랑이 속으로 시선이 녹아드는 곳까지
> 오뚝오뚝 솟았다가는 굽이쳐 달리는 그 산줄기에
> 안겨 뒹굴고 싶도록 아름답구나.

계속 기다려도 안 오시면 돼지 무덤에서 300미터쯤 위에 있는 소반재에서 기다렸다. 소반재에 오를 때마다 들었던 생각이 '왜 여기는 산인데 고개 이름인 재라고 부르지?' 하는 것이었다. 어른들에게 물었지만 아무도 답을 주는 사람은 없었다. 나이 쉰이 되어서야 우리 토박이말에 담긴 뜻과 속살을 구수하게 풀어낸 김수업 선생의 『우리말은 서럽다』라는 책을 통해 궁금증을 풀 수 있었다.

옛날에는 한자말 '산'에 해당하는 우리말이 셋이 있었다고 한다. '뫼'와 '갓', '재'인데 비슷하면서도 다른 뜻을 담고 있었다. '갓'은 사람들이 재목으로 쓰려고 일부러 나무를 가꾸는 뫼인데, '묏갓', '멧갓'이라고도 했다. '뫼'는 마을에서는 멀리 떨어진 높고 커다란 것을 말하고, '재'는 마을 뒤를 감싸고 있는 뫼를 뜻한다고 했다. 실제로 소반재는 우리 마을 뒤쪽을 포근하게 감싸고 있는 뫼이다.

우리 마을 뒤에는 송씨네 산이라고 해서 송산이라고 부르는 뫼와 소반재가 있고, 그 사이에 골짜기의 물을 모아 내리는 작은 '도랑'이 흐르고 있다. 여름에는 가재를 잡기도 했던 곳이었다. 도랑이 흘러서 몇 집을 지나면 여러 도랑물이 모여 '개울'이 된다. 개울이 마을 앞으로 나가면 여러 개의 개울들이 어울려 들판 가운데를 흐르는 '시내'가 되었다. 우리 마을 앞을 흐르면서 논밭의 젖줄이 되는 이 시내를 '시목천'이라고 불렀다. 시목천이 1km 정도 더 서쪽으로 흘러가면 우리 땅의 큰 '가람' 가운데 하나인 '금강'과 만난다.

집 앞을 흘러가는 도랑은 가을에서 봄까지는 물이 거의 흐르지 않는데 장마철에 큰비가 내리면 제법 많은 물이 흘러 졸졸 흘러가는 소리가 난다. 그 물소리는 특히 여름밤을 시원하게 만들어주는데 당연히 우리 집 자장가의 중요한 주제가 되었다.

겨울에 태어난 솔뫼는 초여름이 되면 많이 힘들어했다. 본디 아기들은 어른들보다 체온이 높은 데다가 체온 조절이 어려워서 더위 견디기가 힘들다. 그래서 우리 집에서도 솔뫼를 시원하게 해주는 것이 중요한 과제가 되었다. 웬만하면 닫아두었던 문을 열고 바깥 바람도 들어오게 했지만 기온이 워낙 높을 때는 효과가 별로 없었다. 선풍기 바람은 내가 싫어하니 결국 남는 것은 부채질밖에 없다. 그런데 삼복더위 중에는 그것도 효과가 없었다. 솔뫼는 팔다리를 휘저으면서 짜증을 냈다. 그럴 때면 큰 양동이에다가 물을 담아서 물놀이를 했다. 물장구도 치고 끼얹으면서 물놀이를 하면 언제 짜증을 냈냐는 듯 즐거워했다. 문제는 밤이었다. 더우니까 잠도 잘 안 자고 자장가를 불러주는 것도 힘들었다.

나도 솔뫼도 짜증이 나는데 그때 들려오는 것이 도랑의 물소리였다. 그 물소리를 주제로 해서 불러준 자장가이다.

여름이면 우리 집은 물소리에 둘러싸여
이 무더운 여름에는 물소리 자장가 제일이지
졸졸 흘러가며 자장가를 불러주는
시원한 냇물소리 우리 애기 자장가 소리

여름이 되어 문을 열어놓고 자니 좋은 점도 있었다. 달도 보이고 반짝이는 별도 집으로 끌어들이는 호사를 누리게 되는 것이다. 아직 솔뫼는 시력이 발달하지 않아서 그 별들을 볼 수 없겠지만 아이를 재우는 내 입장에서는 아주 낭만적인 환경이 되었다. 그러면서 아이에게 자연스럽게 불러줄 수 있는 자장가가 또 하나 생겼다.

우리 애기 자는 방엔 둥근 달도 찾아오고
우리 애기 노는 방엔 애기 별도 놀러 오네
별도 달도 찾아오는 우리 애기 꾸는 꿈은
별꿈일까 달꿈일까 자장 자장 우리 애기

이 자장가는 솔뫼가 좀 더 자라서 제법 말을 하게 되었을 때, 별과 달을 함께 보면서 이야기할 수 있는 정서적인 연결 고리가 되어 주었다.

빨간 단풍 노란 단풍 그 속에서 한뫼 자네

우리 집 마당에는 벽오동 나무가 한그루 서 있었다. 이 나무는 여름에 시원한 그늘을 베풀어주고 아름다운 음악도 들려주었다. 비가 올 때 그 큰 잎새에 부딪치며 내는 소리는 뼛속까지 시원한 느낌을 주었다. 가을이 되면 또 다른 음악을 들려주었다. "툭" 하는 소리를 내며 마당에 떨어지는 오동나무 잎새는 가을에 걸맞은 상실감을 주었다. 옛사람들이 '오동잎 떨어지는 소리에 가을이 왔음을 안다'라고 한 것은 바로 이 마음이리라. 가을 오동나무는 또 하나의 운치를 제공했다. 한 잎 두 잎 떨어뜨린 빈 공간 사이로 달이 지나갈 때 기막힌 아름다움을 보여주는 것이다. 어느 날 밤늦게 잠들지 못하는 솔뫼를 데리고 잠깐 밖에 나갔다가 그 장면을 보았다. 그날 부른 자장가이다.

자장자장 우리 애기 자장자장 우리 애기

가을 산이 토해낸 달 오동나무 걸려 있네
저 오동나무 올라가서 달나라를 찾아갈까
우리 애기 달 토끼와 방아 찧으며 자장자장
자장자장 우리 애기 자장자장 우리 애기

솔뫼는 여름에는 더워서 잠을 못 자더니 가을에도 잠을 잘 못 잤다. 자연히 우리는 귀뚜라미 소리를 많이 들었다. 가을이 깊어갈수록 귀뚜라미 소리는 더 또렷하게 들렸다. '귀뚜라미는 7월에는 들녘에서 울고 8월에는 마당에서 울고 9월에는 마루 밑에서 울고 10월에는 방에서 운다'는 속담이 있다. 그 속담이 무엇을 말하는지는 가을밤 몇 년간을 한뫼, 솔뫼를 재우고서야 알 수 있었다. 귀뚜라미 소리는 외롭고 잠 못 이루는 사람한테만 열어주는 자연의 신비였다. 솔뫼도 옆에서 울어대는 귀뚜라미 소리에 참 민감했다. 조금 더 자라서는 "귀뚤귀뚤" 하면서 그 소리를 따라 했다. 그럴 때면 그 소리를 자장가 삼아 잠들라는 마음에서 옛날 시조의 노랫말을 빌린 자장가를 불러주었다.

귀뚤귀뚤 귀뚜라미 어여쁘다 귀뚜라미
긴 밤 가을밤에 우리 곁을 지켜주며
밤새도록 불러주는 귀뚜라미 자장가 소리
자장자장 우리 애기 자장자장 우리 애기

서너 살이 되어 함께 나들이를 하게 되자 아이들의 계절 감각은 더 민감해졌다. 은행나무의 노란 잎을 보고는 노란색 잔치를 한다고 하고, 단풍나무의 붉은색을 보고는 왜 색깔이 바뀌는지 궁금해 했다. 그래서 들려준 이야기가 인디언과 곰 이야기였다.

"옛날에 인디언 세 명이 곰 사냥을 나갔어. 봄에 동쪽 벌판에서 곰이 나타났다고 하길래 그 마을에서 가장 용감한 사냥꾼이 잡으러 간 거지. 저 앞에 곰이 있어서 쫓아갔는데 곰이 얼마나 빨리 도망가는지 잡지를 못한 거야. 여름에는 남쪽 벌판에 나타났다고 해서 다시 쫓아갔지. 하지만 이번에도 잡지를 못해서 가을에는 꼭 잡겠다고 다짐을 했어. 아니나 다를까 이번에도 곰이 나타났는데 이번에는 서쪽 하늘에 나타났다는 거야. 그래서 열심히 쫓아갔는데 곰도 지쳤나 봐. 결국 산에 머리를 부딪쳐서 죽고 말았어. 그때 흘린 피가 온 산을 물들였대. 그때부터 가을이 되면 빨간 단풍이 온 세상을 물들였다고 하지."

북두칠성의 국자 부분은 곰이고 자루에 있는 세 별은 사냥꾼이라고 믿었던 한 인디언 부족의 신화이다. 내가 들었던 많은 이야기 중에 단풍과 관련된 유일한 이야기였다. 그래서 아이에게 이 이야기를 해주었는데 눈빛을 샛별처럼 반짝이며 이야기에 푹 빠져들었다. 아니나 다를까 밤이 되니 그 이야기를 자장가로 불러달라고 했다. 이런 내용을 어떻게 노랫말로 만들 수 있을지 한참 고민하다가 불러준 것이 이 자장가이다.

> 가을이라 초저녁에 북쪽 하늘 바라보니
> 북두칠성 머리가 뒷산에 부딪쳤네
> 머리에서 피가 솟아 온 세상을 물들였나
> 빨간 단풍 노란 단풍 그 속에서 한뫼 자네

온 우주를 배경으로 그 속에서 사는 그 느낌이 좋았나 보다. 두 번, 세 번, 네 번 불러달라고 해서 그날은 이 자장가만을 부를 수밖에 없었다. 한뫼가 다 자란 뒤에는 이 자장가가 고리가 되어 밤하늘에 대한 관심을 계속 키워나갔다. 한뫼는 이제 동서양의 별자리 이름은 물론 스스로 천체 망원경을 조립하고 조절하면서 밤하늘 별자리를 주변의 어른들과 아이들에게 이야기해주는 청년이 되었다.

눈 자장가

한뫼와 솔뫼가 3살쯤 되어 제법 걷게 되었을 때부터 늘 함께 한 것이 나들이였다. 날마다 마당 주변에서 놀면서 마당에 찾아오는 새와 곤충들을 노래했다. 꽃이 피기를 기다리고 꽃 피는 장면을 함께 보면서 소통과 공감의 폭이 점점 넓어졌다. 그리고 절기에 한 번쯤은 뒷산 쪽으로 조금 먼 나들이를 갔다. 10여 년간 비가 오나 눈이 오나 바람이 부나 나들이는 계속되었다.

그러던 어느 겨울 아침, 우리는 특별한 경험을 했다. 그날따라 바람이 아주 심하게 불었다. 바람에 공기가 찢어지는 소리가 날 정도였다. 그래서 오늘은 나가지 말까 생각했지만 솔뫼의 재촉에 두터운 옷으로 단단하게 몸을 감싸고 뒷산 나들이를 갔다. 우리 나들이의 원칙은 아이가 스스로 걸으면서 새로운 사물을 발견하도록 하는 것이었다. 하지만 그날은 솔뫼가 균형을 못 잡을 정도로 바람이 심해 꼭 안고서 가야 했다. 뒷산 꼭대기에 올랐는데 요란하던 바람 소리가 시원하고 촉촉하고 조화로운 소리로 바뀌는 것이 아닌가. 그 아름다운 소리의 비밀이 무엇인지 곰곰이 생각해보았다. 넓은잎나무 숲을 지날 때는 바람 소리가 요란했다. 그런데 산꼭대기에 있는 소나무 숲길을 지날 때 바람이 부드러워지고 조화로운 소리가 생겨난 것은 질서정연하게 배열된 소나무 잎새 덕분이라는 것을 알 수 있었다. 난기류가 소나무 잎새를 통과하면서 부드러운 바람으로 바뀌는 과정에서 토해낸 소리였던 것이다. 나중에야 옛 선비들이 소나무에 스쳐 가는 바람 소리를 자연에서 가장 아름다운 소리라고 했던 것을 알게 되었다. 그들은 거문고를 '백악지장', 곧 '백가지 악기 가운데 최고'라고 했는데 솔바람 소리를 거문고 소리보다 더 품격 있고 조화로운 소리라고 평가했다. 품에 안겨 있는 솔뫼를 보니 살을 에는 듯한 차가운 바람을 피해 아빠 품으로 파고들 때의 모습이 아니다. 편안하고 즐거운 얼굴로 주변을 이리저리 탐색하고 있었다.

  옛사람들은 소나무 소리뿐만 아니라 자연에 존재하는 다양한 소리의 아름다움을 즐겼다. 그 가운데 연꽃 피는 소리를 듣는 사람들도 있었다. 다산 정약용은 친구들과 '죽란시사'라는 모임을 만들어 매화가 필 때, 참외가 익을 때, 연꽃이 필 때 만나 시를 지으면서 계절의 바뀜을 소통과 표현의 기회로 삼았다. 그 가운데서 가장 운치 있게 느낀 것이 연꽃 피는 소리를 듣는 모임이었다. 다산은 늦여름에 서울 서대문 밖에 있는 연못에 연꽃이 피면 새벽

일찍 배를 띄웠다고 한다. 연꽃 봉오리 사이에 자리를 잡고 있으면 연꽃 터지는 소리가 "톡!" 하고 나는데 워낙 작은 소리여서 이 소리를 들으려면 아무 말도 하지 않고 눈을 감아야 했다.

이보다 더 미묘한 소리를 들었던 사람도 있었다. 스님들 가운데는 좌선할 때 눈 쌓이는 소리를 아홉 가지로 세밀하게 들었던 사람도 있었다고 한다. 세상에 대해 자기 몸의 감각을 다 열 수 있을 때 도달할 수 있는 경지일까? 선비들 가운데는 매화꽃이 필 때 눈이 내리면 그 아래에서 눈 내리는 소리를 듣는 것을 즐거움으로 삼았던 사람도 있었다.

내 어렸을 때의 경험을 떠올려보면 눈 내리는 날은 바람도 없고 고요한 날이 많았던 것 같다. 눈은 여러 가지 모습으로 내린다. 눈 가운데는 가루처럼 내리는 '가랑눈', 함박꽃 송이처럼 큰 덩어리로 내리는 '함박눈', 작은 알갱이가 마치 우박처럼 내리는 '싸락눈'도 있다. 바람에 휘날리면서 우리 몸에 와서 강하게 부딪치는 '진눈깨비'도 있다. 이런 여러 가지 눈 소리를 들으려고 했지만 내 귀에는 눈이 공중에서 내는 소리는 들리지 않고 싸락눈이 톡톡 튀는 소리만 들렸다. 함박눈이 내릴 때는 두터운 눈송이가 땅에 닿을 때 마치 '툭' 하는 소리가 나는 듯한 느낌을 가졌을 뿐이다.

한뫼가 좀 자란 다음에 눈 내리는 소리를 아홉 가지로 듣는 사람이 있다고 이야기해주었다. 그랬더니 눈이 내리는 것을 보고 자기도 그 소리를 듣겠다고 밖에 나가 한참 있다가 들어왔다. 물론 눈 소리를 듣지 못해 실망했지만 함께 눈 밟는 놀이를 하면 분위기를 바꿀 수 있었다. 눈은 조건에 따라 다른 소리를 냈다. 한뫼는 아무도 밟지 않은 눈 내린 마당에서 앞서서 걷는 것을 좋아했다. 뽀드득 뽀드득, 사각사각 그 다양한 소리가 주는 즐거움은 특별했다. 추워서 얼굴이 빨갛게 달아오른 상태에서도 한참을 그렇게 놀고 나면 그날 저녁의 자장가는 당연히 눈 자장가였다.

창밖에는 하얀 눈이 소복소복 쌓여가고
우리 애긴 아빠 품에 새록새록 잘도 잔다
자장자장 우리 애기 자장자장 우리 애기

그러고 보면 눈과 관련된 소리는 '소복소복', '사각사각'과 같이 'ㅅ' 소리가 많은 것 같다. 'ㅅ' 소리는 '사랑', '스치다', '소슬하다', '산뜻하다', '시원하다'라는 낱말에서 느낄 수 있는 것처럼 아주 감각적인 느낌을 표현하기 적절한 소리이다. 그 느낌이 따뜻하지도 않고 무겁지도 않으면서 즐거운 긴장을 끌어내는 소리라고 할까? 잠자는 장면을 표현하는 말도 그렇다. '새록새록'. 얼마나 참신하고 산뜻하고 깔끔하면서 부드러운가!

동해바다 파도치듯 서해바다 조수 일 듯

요즘 많은 부모들이 고층 아파트에서 아이를 기른다. 아파트 단지에 손바닥만 한 놀이터가 있지만 아이들도 없고 오르내리기도 불편하다. 문만 열고 나가면 마당이 있고 대문 밖에는 언제나 아이들이 넘쳤던 우리 어렸을 때 환경과는 너무 대조적이다. 옛날에 아이들이 항상 어울려 놀 수 있었던 것은 어른들이 지속적인 관계를 맺고 있었기 때문이다. 그런 든든한 관계를 바탕으로 아이들은 언니, 오빠들이 노는 모습을 보면서 놀이 욕구를 키웠다. 놀이에 끼어들고 혼자 연습하면서 아이들은 다른 사람과 관계를 맺고 탐색할 수 있는 힘을 길렀다. 언니, 오빠들과 맺는 관계는 아이들이 참을성과 책임감을 기를 수 있는 좋은 계기였다.

한뫼가 다섯 살쯤 되었을 때 집을 고치느라 아파트에서 한 달간 생활한 적이 있다. 그 아파트 생활이 한뫼한테는 아주 힘들었던 것 같다. 어느 날 같이 놀다가 "아빠, 나는 아파트가 싫어." 하면서 한

말이다.

"빨래도 밖에 널 수 없고, 맘대로 뛰어다닐 수도 없잖아. 그리고 친구도 없고 곤충도 별로 없어."

마을에서 한뙤랑 함께 놀이하고 나들이했던 경험이 도시 생활의 문제에 대한 자기 견해를 확실하게 갖도록 했던 것 같다. 마을에서는 나가자마자 마을의 형들과 누나들, 친구들, 그리고 어른들을 만날 수 있었다.

"그놈 아빠를 꼭 닮았네."

"야, 많이 컸네, 언제 이렇게 컸어?"

마을 어른들이 그렇게 추어주는 말을 들으면서 몸뿐만 아니라 마음까지 쑥쑥 자란다. 이러한 관계가 아이들이 자라는 데 필수적이다. 그래서 '아이를 기를 때는 온 마을이 필요하다'는 아프리카 속담은 오랜 세월 속에서 검증된 진리이다.

세 살이 넘으면 친구들과 마을을 쏘다니면서 새로운 사물과 사건을 발견하는 것이 신나는 놀이가 된다. 그 과정에서 일어나는 모든 것들, 눈 감고 다니기, 목표를 정하고 달리기, 던지고 받는 모든 활동이 우정과 환대의 문화를 바탕으로 피어난 놀이꽃인 것이다.

아이들이 세 살이 되었을 때 나들이를 시작한 것은 마을의 자연환경에 익숙해지고 마을 사람과 친밀한 관계를 맺게 하는 계기를 마련하기 위한 것이었다. 함께 다니면서 이 집에는 누가 살고, 저 아저씨는 누구이고, 이 우물 주변에는 어떤 사람들이 살았고, 무슨 일이 있었고, 아버지의 친구는 누구였는지와 같은 삶의 내력들이 나들이 안에서 다 녹아들었다. 그래서 네다섯 살 무렵이면 우리 아이들은 자연스럽게 마을 이야기를 할 수 있었다.

"저기가 충수 아저씨네 집이고, 저기는 옛날 우리 집이네. 야! 저기는 정민이네 집이다!"

사람은 자기가 살고 있는 공간에 대해서 마음의 지도를 가지고 있어야 한다. 마음의 지도를 발전시키려면 어렸을 때 자기가 사는 마을을 걸어 다니면서 다양한 참여의 경험을 갖는 것이 좋다. 그 과정에서 이야기가 넘쳐 난다면 장소와 사람, 사건들이 아이의 마음속에서 하나로 묶인다. 나는 한뫼와 솔뫼에게 아빠가 어렸을 때 이야기, 그것도 할아버지에 대한 이야기를 많이 했다. 할아버지와 함께 옛 장길을 걸으면서 소 팔러 간 이야기를 했고, 뒷산에 가서 소를 묶어놓고 앉아 책을 읽던 바위 이야기, 마을 기우제를 지내던 장소와 기우제 때 했던 아주머니들의 재미있는 몸짓에 대해서도 이야기해주었다. 뒷산에 올라가면서는 이 길이 할아버지가 나무하러 갔다가 늦게 오실 때 아빠가 올라갔던 길이라는 이야기도 해주었다. 물론 한뫼와 솔뫼와 함께 경험했던 사건들도 우리가 함께 만들어가는 이야기가 되었다.

한뫼, 솔뫼가 조금 더 크면서는 주변에 보이는 산과 물길이 이야기의 재료가 되었다. 해가 뜨는 저 산 이름이 무엇인지, 저 산에서 왜 해가 떠오르는지, 이 냇물은 어디로부터 흘러오는지, 또 어디로 흘러가는지, 또 옛날에 아빠가 어떻게 놀았는지, 어떤 물고기를 잡았는지……. 아이들은 끊임없이 묻고 또 물었다.

이러한 기억은 나를 중심에 놓고 공간과 시간을 통합할 수 있는 원초적인 경험이다. 요즘 아이들은 그러한 경험을 할 수 없어서 학교에서 지리와 역사, 사회를 배울 때 어려울 수밖에 없다. 심지어 초등학교 4, 5학년 아이들 가운데도 자기가 서 있는 자리에서 동서남북이 어디인지 말할 수 있는 아이들이 거의 없는 것이 현실이다. 배움이 무엇인지 우리 사회가 다시 생각할 때가 된 것이다. 우리가 무엇을 배운다고 할 때 그 뜻과 속살은 관계에서 오는 것이다. 관계는 우리가 발 딛고 있는 장소에 뿌리내리고 주변 사람들, 사물과 역동적으로 상호작용함으로써 생겨난다. 다시 말하면 내 주변 사람들과 장소에 뿌리를 내리고 살아갈 때 삶의 뜻과 속살이 채워지는 것이다. 이렇게 마을 사람들이 자신들의 삶에서 뜻과 속살을 채워갈 수 없다면 그 공부가 무슨 의미가 있겠는가. 학교와 교사들을 탓해도 소용이 없다. 사람의 마음을 깊은 곳에서 움직이게 하는 고장에 대한 생생한 앎은 부모가 함께 마을을 걸으면서 나눌 수 있는 것이기 때문이다.

사람은 구체적인 관계를 통해서 세상을 탐구할 수 있다. 나들이를 통해 아이들과 나는 우리 마을 사람들과 동물, 식물, 그리고 우리가 살고 있는 이 장소에 대한 연결고리를 만들었다. 마을에서 오랫동안 전해져 내려온 이야기, 노래, 놀이에는 역사와 지리, 생물학적 지식이 담겨 있다. 그러한 지식을 아무런 부담 없이 노래와 놀이를 통해서 배울 수 있게 하는 것이 마을 공동체의 힘이다. 그냥 사진과 책을 통해서 두꺼비라는 이름을 알려주는 것과 비 오는 날 마당에 나타난 두꺼비를 함께 보면서 이야기를 나누는 것은 다르다. 책을 통해서 보는 두꺼비가 냉동된 지식의 형태라면 생활 속에서 만나고 이야기 속에서 발견하는 두꺼비는 살아 있는 관계의 연장인 것이다.

한뫼와 솔뫼는 자장가 속에서도 마을 사람과 자연환경에 대해 듣고 싶어 했다.

> 고남산에 떠오른 해 매방산에 진 지 오래
> 동쪽 하늘 떠오른 달 서쪽 하늘 기울었네
> 자장자장 우리 애기 자장자장 우리 애기

고남산은 우리 집 동쪽에 있고, 매방산은 해가 지는 서쪽에 있는 산이다. 그렇게 가까운 장소를 노래한 경험들은 우리 국토에 대한 이야기도 감각적으로 이해할 수 있는 바탕이 된다. 한뫼는 우리 앞에 냇물이 흘러서 어떤 강으로 가고 그 강은 어느 바다로 흘러가는지 물었다. 서해바다라고 하면 우리나라 바다가 서해바다밖에 없는지 물었고, 동해와 남해를 알고 나면 그 바다에 어떤 고기가 살고 있는지도 관심을 가졌다. 그렇게 몇 주간 이야기를 하다 보면 익숙해진 바다 이야기가 자장가에 담겼다. 아기의 눈꺼풀이 무거워지면 이러한 자장가를 불렀다.

동해바다 파도치듯 서해바다 조수 일 듯
머리끝에 오던 잠이 눈썹까지 내려와서
코끝으로 살살 기어 깜빡깜빡 스르르르
자장자장 우리 애기 자장자장 우리 애기

가치와 기대를 전하는 자장가

다섯 살 이전의 기억을 또렷이 가지고 있는 사람은 거의 없을 것이다. 나 역시도 그렇지만 몇 장면은 손에 잡힐 듯 떠오른다. 가장 먼저 떠오르는 것은 다섯 살 때 삼강오륜을 배우는 첫 장면이다. 겨울이었는데 아버지가 종이를 찾으셨다. 당시 시골에서는 교과서나 공책을 빼놓고는 종이를 찾기가 어려웠다. 아버지는 결국 비료 포대 종이 겉 봉지를 가위로 자르고 거기다 한자를 가득 쓰셨다. 그 장면이 이렇게 생생한 것은 힘들었던 기억 때문일 것이다. 겨울 내내 하루에 몇 번씩 한자를 하나하나씩 쓰고 외우고 새겨야 했다. 삼강은 군위신강이요, 부위자강이요, 부위부강이니라. 임금은 신하의 벼리가 되고 아버지는 아들의 벼리가 되고 남편은 아내의 벼리가 된다. 이러한 내용을 다섯 살 때부터 일곱 살까지 매년 겨울이면 아침마다 읽고 외웠다. 그전까지 아버지는 나에게 무엇을 가르치거나 참견하지 않으셨다. 항상 웃으면서 지켜볼 뿐이었고 한

글을 가르치실 때도 놀이처럼 해서 큰 부담이 없었다. 그런데 삼강오륜을 배우기 시작한 후부터는 엄격하고 원칙적인 아버지가 되셨다. '주자십회훈', 곧 '주자가 정리한 열 가지 후회하는 가르침'도 함께 외워야 했다. 삼강오륜과 주자십회훈에 포함된 한자는 백여 자도 되지 않았지만, 그걸 나날이 쓰는 것은 매우 힘든 일이었다. 그리고 밤에는 어머니가 불러주는 자장가에서 또 한 번 그런 내용을 반복해서 들어야 했다.

> 자장자장 우리 애기 자장자장 우리 애기
> 나라님께 충신둥이 부모님께 효자둥이
> 형제간에 우애둥이 동네방네 인심둥이
> 일가친척 화목둥이 우리 아기 잘도 자네

내가 태어나서 어린 시절을 보냈던 1960년대 농촌은 조선 시대 마을과 비교해도 크게 다르지 않을 것이다. 집들은 대부분이 초가집이었고 대보름에는 지신밟기도 했다. 사람들에게 중요한 것은 돈이 아니라 마을 사람들 사이에 품앗이나 두레로 유지되어왔던 인간관계였다. 그리고 그 관계 안에서 만들어지고 유지되어온 가치와 기대가 여전히 아이들에게 전해지고 있었다.

그런데 한뫼와 솔뫼한테 공동체의 기대와 바람이 담긴 자장가를 부르려니 옛날 것을 그대로 부르는 것이 어색했다. 옛날 사람들은 아이들을 가르칠 때 전통적 인간관계를 중심으로 교육 목표를 세웠다. 삼강오륜이 최고의 교육 목표였던 것은 그 때문이다. 그런데 현대 사회는 그 당시에는 존재하지 않았던 생태 위기가 생겨났다. 또한 외국인들과 교류하고 함께 살기도 하는 다문화 환경 속에서 살아간다. 당연히 옛날에는 생각하지도 못했던 문제들을 다루고 동시대 사람들과 함께 실천할 수 있는 새로운 교육 목표가 필요하다. 7차 교육과정을 만들 때 여러 번 자문에 응하기도 했지만 그때까지는 우리 시대의 교육 목표에 대한 생각을 깊게 해보지 못했다. 그런데 아이의 입장에서 앞으로 살아갈 세상의 모습과 배워야 할 지식이 무엇인가에 대한 생각을 하다 보니 교육 목표에 대한 생각이 아주 또렷해졌다. 책을 읽다가 우연히 "미시 세계가 종종 거시 세계보다 흥미롭고, 이러한 미시 세계에 바로 우리 인간의 삶에 대한 계획이 있다."라는 마르크스의 말을 발견한 적이 있는데 그 말을 온몸으로 느끼는 순간이었다. 그렇게 아이들과 함께 실현하고 싶은 시대 가치를 속살로 담아 부른 자장가이다.

> 우리 애기 이제 자라 어떤 사람 돼야 할까
> 나라에는 민주동이 세상에는 평화동이
> 동네에는 인심동이 집안에선 재롱동이
> 형제간에 화목동이 친구간에 우애동이
> 자장자장 우리 애기 자장자장 우리 애기

우리 애기 만들 세상 아빠와 함께 그려볼까
사람 위에 사람 없고 사람 밑에 사람 없고
온 인류가 하나 되고 자연과도 공존하는
그런 세상 함께 만들 우리 애기 자장자장
자장자장 우리 애기 자장자장 우리 애기

많은 사람들이 자장가를 갓난아기 때만 불러주는 노래라고 생각한다. 이는 잘못된 생각이다. 옛날 할머니들은 다섯 살, 여섯 살 때까지도 자장가를 불러주었다. 나는 그보다 더 오랫동안 자장가를 불러주었다. 아이들은 내가 뜻을 담아서 부르면 그 뜻이 무엇인지 물었다. 아이들의 자발적 물음은 삶의 가치에 대한 이야기꽃을 배울 수 있는 좋은 계기가 되었다.

아기 어르는 소리 목록

놀이	노랫말	놀이 방법	시기	같은 놀이 다른 이름
쭈까쭈까 쭉쭉	쭈까쭈까 쭉쭉 쭈까쭈까 쭉쭉 우리 애기 잘 큰다 쭈까쭈까 쭉쭉 쭈까쭈까 쭉쭉 옳지 우리 애기 잘한다 우리 애기 크려고 기지개 켜네 아이고 우리 애기 잘도 큰다 쭈까쭈까 쭉쭉 쭉쭉쭉쭉쭉	아이가 기지개를 켤 때나 젖을 먹인 뒤, 기저귀를 갈고 나서 해준다. 발목부터 시작해서 사타구니까지 올라가면서 꾹꾹 눌러주고, 팔을 몸에 붙여놓고 어깨에서부터 눌러준다.	1개월~	뿌대뿌대(여주), 주쭈기(청양), 찌개찌게(천안), 쯧까쯧까(임실), 하암하암(진안), 큰다큰다 (완도, 예천, 상주)
둥기둥기 둥기야	둥기둥기 둥기야 두둥기 둥기둥 둥기야 앉으나 서나 둥기야 입으나 벗으나 둥기야 외 불듯 가지 불듯 무럭무럭 잘 자라라 인천바다 조수 일 듯 동해바다 파도치듯 외 불듯 가지 불듯 잔병 없이나 잘자래라 둥기둥기 둥기야 두둥기 둥기둥 둥기야 날아가는 학선인가 구름 밑에 신선인가 앞으로 보아도 내 사랑 뒤로 보아도 내 사랑 둥기둥기 둥기야 두둥기 둥기둥 둥기야	어른이 아기를 안고 좌우로 흔들어 주는 놀이이다. 한 손은 엉덩이를 받치고 다른 한 손은 등을 받쳐서 흔들어주거나 공중에 살짝 던졌다 받기도 한다. 이때 중요한 것이 아이와 눈을 맞추는 것이다. 아이가 불안해하기 때문이다. 너무 심하게 흔들면 아이가 불안해하거나 몸이 굳어지면서 보챌 수 있다.	1개월~	떵기 떵기 떵기야 (경기 광주), 둥실 둥실 둥기야 (괴산), 둥개 둥개 둥개야 (고창, 곡성, 진주, 홍성, 대구)
까꿍	까꿍 새 눈은 깜빡 우리 애기 눈은 반짝 아가야 그저 다 잤어. 예뻐라 그저 잤어. 벼락 잠 잤어. 더 자지 자고도 울지 않고. 아이 예뻐라. 까꾸 까꾸…… 까꾸 까꾸…… 헤헤. 잘도 알아듣는다. 싱긋이 웃어 까꾸 까꾸 헤헤 아이 예뻐라.	① 아이 몰래 얼굴을 잠시 숨겼다가 갑자기 나타나면서 아이와 눈을 마주치며 "까꿍" 한다. ② 아이를 등에 업고 아이를 위아래로 추스르다가 오른쪽으로 얼굴을 돌려 아이 얼굴을 한 번 보고 왼쪽으로 돌면서 까꿍 하기도 한다. ③ 앉아서 할 때는 손뼉 치고(새 눈은) 주먹 쥐고(깜빡), 손뼉 치고(울 애기) 주먹을 쥐었다가 활짝 편다(반짝).	2개월~	두루루루 깍꿍 (경기 여주) 까르르 깍꾹 (충북 음성) 얏꾸얏꾸 (경남 거창)

놀이	노랫말	놀이 방법	시기	같은 놀이 다른 이름
짱짱짱	짱짱짱짱 짱짱하다 짱짱해! 짱짱짱짱 짱짱하다 짱짱해!	아이를 눕혀놓고 아이 두 다리를 90도로 구부린 후 손바닥으로 발바닥을 눌러주면서 노래한다. 그러면 아이는 다리에 힘을 준다.	3개월~	
어부바	어부바		3·4개월~	
도리도리	도리도리도리도리 우리 애기 잘한다 뭐가 좋아 흔드나 신이 나서 흔들지 도리도리도리도리 우리 애기 돌도리	누구나 아는 것처럼 도리도리는 아이와 마주 앉아서 고개를 좌우로 흔드는 놀이이다.	5개월~	두리두리(진안), 도래도래(신안), 마니마니(제주)
불무 불무 불무야	불무불무 불무야 불어라 딱딱 불무야 이 불무가 뉘 불무야 할아버지 불무로구나 한 짝 다리 번쩍 들고 두 짝 다리 번쩍 들고 불무불무 불무야 불어라 딱딱 불무야	① 어른이 양손으로 아이 겨드랑이를 잡고 좌우로 흔들며 아이가 발자국을 뗄 수 있도록 노래를 불러준다. ② 어른이 아이의 양쪽 다리를 잡고 하기도 한다.	5·6개월~	불아 불아 불불 (양평, 화성 여주), 부따 부따 부따 (보령), 어짜꿍 어짜꿍 (나주), 풀미 딱딱 풀미 딱딱 (봉화), 불매 불매 (의령, 거창)
잼잼	잼잼잼잼 엄마 따라 잼잼 아빠 따라 잼잼 고사리 손이 잼잼 쥐었다 폈다 잼잼 잼잼잼잼	잼잼은 양손의 모든 손가락을 오므렸다 폈다 하는 몸짓을 반복하는 놀이이다.	6개월~	쥐암쥐암(남양주), 지암지암(서산), 쪼막쪼막쪼막쪼막 (예천), 조메조메(제주)
짝짜꿍	짝짜꿍짝짜꿍 우리 애기 잘도 논다 짝짜꿍짝짜꿍 우리 강아지 잘도 논다 짝짜꿍짝짜꿍 짝짜꿍짝짜꿍 짝짜꿍	부모가 아이랑 마주 앉아 장단에 맞춰 손뼉을 치는 놀이이다.	6개월~	짝짝짝짝(양주), 뗀데 뗀데 땐데야 (고창), 갠시 갠시 갠시 갠시개 (임실), 나방나방나방나방 (완도)

놀이	노랫말	놀이 방법	시기	같은 놀이 다른 이름
들강달강	들강달강 서울가 밤 한 되를 팔아다가 살강 밑에 묻었더니 머리 깜은 새앙쥐가 들랑날랑 다 까먹고 다문 한 톨이 남았는디 옹솥에 삶을까 가마솥에 삶을까 옹솥에 삶아서 조리로 건질까 주걱으로 건질까 주걱으로 건져서 껍데기는 버리고 알맹이는 너랑 나랑 나눠먹자 들강달강 들강달강 아이고 우리 애기	앉은 상태에서 허리나 손을 잡고 앞뒤로 흔들어주는 놀이이다.	6개월~	세상세상(양주), 달공달공 (화성, 괴산), 달강달강(상주, 영동, 금산, 서산), 들강들강(보령), 달랑달랑(홍성), 세상세상(홍천), 시상달공(인제)
엄마 손이 약손이다	엄마 손이 약손이다 우리 애기 배는 똥배고 우리 애기 배는 똥배고 엄마 손이 약손이다 쑤욱 내려가거라 쑤욱 내려가거라 쑥쑥 내려가거라 엄마가 이렇게 해주는데 우리 애기 아플 틈이 어디 있어 쑤욱 내려가거라 쑥쑥 내려가거라	아이가 아플 때나 심심해할 때 배를 문지르면서 부르는 노래이다.	6개월~	
곤지곤지	곤지곤지 곤지곤지 곤지곤지 곤지곤지	오른손 집게손가락을 쭉 펴서 왼쪽 손바닥 가운데에 댔다 뗐다 하는 놀이이다.	7개월~	지껑지껑(영동), 지꽁지꽁(청양), 진진진진(부여), 곰지곰지(충주), 직기직기직기야 (울진), 장게장게(강릉)
질라래비 훨훨	질라래비 훨훨 질라래비 훨훨 질라래비 훨훨 질라래비 훨훨	① 처음에는 앉은 상태에서 아이를 무릎에 앉히고 손목을 잡고 위아래로 흔든다.	7개월~	질라나비 훨훨 (이천), 질라래비 홀홀 (제천), 팔내젓고 장에 가자 (봉화)

놀이	노랫말	놀이 방법	시기	같은 놀이 다른 이름
	고모네 집에 가자 이모네 집에 가자 질라래비 훨훨 질라래비 훨훨	② 아이가 서게 되면 마주 본 상태에서 아이 손을 잡고 위아래로 흔든다. ③ 아이의 손을 잡고 걸으면서 노래한다. '장에 가자'도 같은 방법으로 노래하면 된다.		
물리물리	물레 물레 물레야 물레 물레 물레야 물레 물레 물레야 물 물 물레야	두 팔과 손을 부딪치지 않고 원을 그리면서 돌리는 놀이이다. 물리물리는 앞으로 돌리고, 범버꿍이는 반대로 돌린다.	8개월~	범버꿍이 범버꿍이 둘레둘레 (시흥), 도레도레, 푸레푸레 (괴산)
야야 잘도 긴다	야야 잘도 긴다 우리 강아지 잘도 긴다 야야 잘도 긴다 두꺼비보다 잘도 긴다	기는 아이 앞에서 불러주면서 아이가 더 잘 기도록 부추겨주는 노래이다.	8개월~	음마음마 우리 애기 잘도 긴다(진천), 야야 잘도 긴다 두꺼비보다 잘도 긴다(금산)
에비 에비	에비 에비 호랑이 온다 쉿	① 아이가 울거나 무서워할 때 아이의 얼굴을 보고 "에비 온다"라는 말을 하면서 위협적인 표정을 짓는다. ② 입술에 손가락을 대고 "쉿" 하면서 분위기를 바꾸는 놀이이다.	8·9개월~	호랑이 온다 (연천, 서천), 망태 영감 온다 (연천), 곰쥐 온다(제천), 곰지 온다(원성), 망태 할머니 오신다 (진주)
지지	지지	아이가 더러운 것을 만지거나 만지려고 할 때 하는 말이다.	8·9개월~	
섬마섬마	섬마섬마섬마 우리 애기 용타	① 벽에 아이를 세워두고 섬마섬마를 한다. ② 벽에서 섬마섬마를 할 수 있으면 다음에는 방 한가운데서 섬마섬마 하면서 세워둔다.	9개월~	따루따루 (화성, 천안), 따로따로(이천), 장사장사(신천), 슨다슨다(고흥)

놀이	노랫말	놀이 방법	시기	같은 놀이 다른 이름
아함	아함 아함	손바닥으로 입을 막았다 떼었다를 되풀이한다.	9개월~	
따로따로	자, 우리 애기 따로따로 한번 해볼까? 따로따로따로따로따로! 짱짱하다, 짱짱해. 우리 아기 잘 선다!	한 손으로는 누워 있는 아이의 손을 잡고, 다른 손은 손바닥으로 아이의 발을 받치면서 아이를 손바닥 위로 올려 세워놓는다.	10개월~	꼬네꼬네(양주), 꼬노꼬노(포천), 꼰노꼰노(금산), 또루또루(천안)
나 잡아봐라	○○ 잡아라 나 잡아봐라	① "○○ 잡아라, ○○ 잡아라" 하면서 기는 아이를 쫓아가는 놀이이다. ② 스스로 말을 할 수 있게 되면 엄마와 아빠를 쫓는 놀이를 하는데 이때는 "나 잡아봐라" 하면서 도망친다.	10개월~	
우리 아기 장사	아이고 우리 아기 장사, 우리 애기 장사, 잘도 참네	다치거나 어디에 부딪쳐서 아파할 때, 벌레에 물렸을 때 아이가 잘 견딜 수 있도록 힘을 주는 말이다.	10개월~	
걸음마	걸음마 걸음마 우리 아기 걸음마 한발짝이 금이냐 두발짝이 금이냐 금을 준들 너를 사며 은을 준들 너를 사랴 걸음마 걸음마 우리 애기 걸음마	① 부모가 아이 손을 잡고 '걸음마 걸음마' 하면서 뒷걸음질을 친다. ② 엄마가 아이 몇 걸음 앞에 앉아서 "걸음마 걸음마" 하고 노래를 부른다. ③ 아이가 오면 "아이고 우리 애기" 하고 박수를 치며 안아준다. ④ 점점 거리를 늘려가면서 걸음마 연습을 한다.	12개월~	따루따루(양주), 아장아장 (익산, 강진, 예천)
징가 징가 징가야	징가 징가 징가야 니가 무슨 징가냐 충청북도 청주시 미원면의 징갈세	① 어른이 누워서 두 다리를 모아 90도로 굽힌 후 발등과 정강이에 아이를 앉힌다.	12개월~	

놀이	노랫말	놀이 방법	시기	같은 놀이 다른 이름
	징가 징가 징가야 징가 징가 징가야 징가 징가 징가야 니가 무슨 징가냐 청주시 미원면 홍씨 집안 징가지 징가 징가 징가야 징가 징가 징가야	② 무릎과 발등에 아이를 태운 후 무릎을 가슴 부근까지 앞뒤로 흔들어 주는 놀이이다.	12개월~	
솔개미 떴다	솔개미 떴다 병아리 감춰라 삐약 삐약 삐약	어른이 누워서 두 발에 아이를 태운 후 발을 공중에 들고 "솔개미 떴다 삐약이 감춰라" 하면 아이는 "삐약삐약" 한다.	12개월~	덩더쿵 덩더쿵 (진천), 소리개 떴다(보령), 찌커덩 찌커덩 (원성), 비오 떴다(칠곡)
목말 타기	우리 애기 목말 타볼까? 으랴차	부모가 아이를 목말 태우면서 새로운 시야를 즐기게 하는 놀이이다.	12개월~	무등
말탄 사람 꺼덕	말탄 사람 꺼덕 소탄 사람 꺼덕 말탄 사람 꺼덕 소탄 사람 꺼덕 말탄 사람 꺼덕 소탄 사람 꺼덕 우리 한뫼 꺼덕 우리 솔뫼 꺼덕	어른이 엎드려서 아이를 등에 태우고 기어가면서 노래한다.	16개월~	
꼬부랑 할머니	꼬부랑 꼬부랑 할머니가 꼬부랑 치마를 입고 꼬부랑 지팡이를 짚고 꼬부랑 나무에 올라가서 꼬부랑 똥을 누니까 꼬부랑 개가 꼬부랑 꼬부랑 올라와서 꼬부랑 똥을 먹으니까 꼬부랑 할머니가 꼬부랑 강아지를 꼬부랑 지팡이로 탁 하고 때려주니까 꼬부랑 강아지가 꼬부랑 깨갱 꼬부랑 깨갱 내 똥 먹고 천년 살지 니 똥 먹고 만년 사나 하면서 꼬부랑 꼬부랑 도망가버렸대	아이가 똥을 눌 때 이 노래를 불러주면 아이의 아랫배에 힘이 들어가서 자연스럽게 똥을 누게 된다.	똥오줌 가릴 때	

놀이	노랫말	놀이 방법	시기	같은 놀이 다른 이름
단지 팔기	똥단지 사려 똥단지 사려	어른들이나 다 자란 형제가 아이를 허리 뒤에 가로 업고 불러준다.	똥오줌 가릴 때	

* 위 목록의 '같은 놀이 다른 이름'의 여러 자료들은 『한국영아음악연구』(노동은, 음악춘추사, 1984년)를 참고하였음.

자장가 목록

자장자장 우리 애기 자장자장 우리 애기
꼬꼬닭아 우지 마라 우리 애기 잠을 깰라
멍멍개야 짖지 마라 우리 애기 잘도 잔다
자장자장 우리 애기 자장자장 우리 애기

1

자장자장 우리 애기 자장자장 우리 애기
먹고 자고 먹고 놀고 먹고 자고 먹고 싸고
굼실굼실 잘도 노는 우리 애기 잘도 잔다
엄마 품에 꼭 안겨서 쌔근쌔근 잠노래를
그쳤다가 또 하면서 우리 애기 잘도 잔다

2

자장자장 우리 애기 자장자장 우리 애기
우리 마당 꽃밭에는 나비나비 날아오고
우리 애기 두 눈에는 소록소록 잠이 오네
우리 애기 자는 방은 꽃자리에 꽃요대기
꽃베개에 꽃이불에 우리 애기 잘도 잔다
자장자장 우리 애기 자장자장 우리 애기

3

자장자장 우리 애기 자장자장 우리 애기
마루 밑에 멍멍개는 멍멍멍멍 짖지 말고
마당에 꼬꼬닭도 꼬꼬꼬꼬 우지 마라
우리 애기 잠깬단다 자장자장 우리 애기
아빠 품에 꼭 안겨서 칭얼칭얼 잠노래를
그쳤다가 또 하면서 우리 애기 잘도 잔다

4

새는 새는 남게 자고 쥐는 쥐는 궁게 자고
개굴개굴 개구리는 꽃 밑에서 잠을 자고
물속에선 붕어새끼 돌 틈에서 잠을 자고
우리 애긴 아빠 품에 새록새록 잘도 잔다

5

자장자장 우리 애기 자장자장 우리 애기
깜깜한 밤 새싹들은 무서워 잠을 어떻게 자나
하늘에 계신 별님달님 자장가를 불러주네
자장자장 우리 애기 자장자장 우리 애기
별님달님 자장가 소리 온 세상이 잠이 들고
흰 구름이 사뿐 내려 새싹들을 덮어주네

6

앵두 빨갛게 익어가는 5월의 마지막 밤
뒷산에는 소쩍새가 소쩍소쩍 울고 있네
소쩍새 아가 잠 못 들어 자장가를 불러주나
소쩍소쩍 자장가 소리 우리 애기 잘도 잔다

7

여름이면 우리 집은 물소리에 둘러싸여
이 무더운 여름에는 물소리 자장가 제일이지
졸졸 흘러가며 자장가를 불러주는
시원한 냇물소리 우리 애기 자장가 소리

8

가을이라 초저녁에 북쪽 하늘 바라보니
북두칠성 머리가 뒷산에 부딪쳤네
머리에서 피가 솟아 온 세상을 물들였나
빨간 단풍 노란 단풍 그 속에서 한뫼 자네

9

귀뚤귀뚤 귀뚜라미 어여쁘다 귀뚜라미
긴 밤 가을밤에 우리 곁을 지켜주며

밤새도록 불러주는 귀뚜라미 자장가 소리
자장자장 우리 애기 자장자장 우리 애기

10
자장자장 우리 애기 자장자장 우리 애기
가을 산이 토해낸 달 오동나무 걸려 있네
저 오동나무 올라가서 달나라를 찾아갈까
우리 애기 달 토끼와 방아 찧으며 자장자장
자장자장 우리 애기 자장자장 우리 애기

11
창밖에는 하얀 눈이 소복소복 쌓여가고
우리 애긴 아빠 품에 새록새록 잘도 잔다
자장자장 우리 애기 자장자장 우리 애기

12
우리 애기 자는 방엔 둥근 달도 찾아오고
우리 애기 노는 방엔 애기 별도 놀러 오네
별도 달도 찾아오는 우리 애기 꾸는 꿈은
별꿈일까 달꿈일까 자장 자장 우리 애기

13

자장자장 우리 애기 자장자장 우리 애기
뒷산 걸린 칠성시계 열두 시를 가리키고
우리 애긴 아빠 품에 새록새록 잘도 자네

14

자장자장 우리 애기 우리 애기 잘도 잔다
꿈나라 간 우리 솔뫼 무슨 꿈을 꾸고 있나
공룡 꿈을 꾸고 있나 피카이아 꿈을 꾸나
꿈나라로 놀러 간 우리 애기 잘도 잔다
자장자장 우리 애기 자장자장 우리 애기

15

고남산에 떠오른 해 매방산에 진 지 오래
동쪽 하늘 떠오른 달 서쪽 하늘 기울었네
자장자장 우리 애기 자장자장 우리 애기

16

동해바다 파도치듯 서해바다 조수 일 듯
머리끝에 오던 잠이 눈썹까지 내려와서
코끝으로 살살 기어 깜빡깜빡 스르르르

자장자장 우리 애기 자장자장 우리 애기

17

자장자장 우리 애기 자장자장 우리 애기
우리 애기 이제 자라 어떤 사람 돼야 할까
나라에는 민주동이 세상에는 평화동이
동네에는 인심동이 집안에선 재롱동이
형제간에 화목동이 친구간에 우애동이
자장자장 우리 애기 자장자장 우리 애기

18

자장자장 우리 애기 자장자장 우리 애기
우리 애기 만들 세상 아빠와 함께 그려볼까
사람 위에 사람 없고 사람 밑에 사람 없고
온 인류가 하나 되고 자연과도 공존하는
그런 세상 함께 만들 우리 애기 자장자장
자장자장 우리 애기 자장자장 우리 애기

삶의 행복을 꿈꾸는 교육은 어디에서 오는가?

미래 100년을 향한 새로운 교육

혁신교육을 실천하는 교사들의 필독서

▶ **교육혁명을 앞당기는 배움책 이야기**
혁신교육의 철학과 잉걸진 미래를 만나다!

핀란드 교육혁명
한국교육연구네트워크 총서 01 | 320쪽 | 값 15,000원

일제고사를 넘어서
한국교육연구네트워크 총서 02 | 284쪽 | 값 13,000원

새로운 사회를 여는 교육혁명
한국교육연구네트워크 총서 03 | 380쪽 | 값 17,000원

교장제도 혁명
한국교육연구네트워크 총서 04 | 268쪽 | 값 14,000원

새로운 사회를 여는 교육자치 혁명
한국교육연구네트워크 총서 05 | 312쪽 | 값 15,000원

혁신학교에 대한 교육학적 성찰
한국교육연구네트워크 총서 06 | 308쪽 | 값 15,000원

혁신학교
성열관·이순철 지음 | 224쪽 | 값 12,000원

행복한 혁신학교 만들기
초등교육과정연구모임 지음 | 264쪽 | 값 13,000원

서울형 혁신학교 이야기
이부영 지음 | 320쪽 | 값 15,000원

혁신교육, 철학을 만나다
브렌트 데이비스·데니스 수마라 지음
현인철·서용선 옮김 | 304쪽 | 값 15,000원

혁신교육 존 듀이에게 묻다
서용선 지음 | 292쪽 | 값 14,000원

다시 읽는 조선 교육사
이만규 지음 | 750쪽 | 값 33,000원

프레이리와 교육
한국교육연구네트워크 번역 총서 01
존 엘리아스 지음 | 한국교육연구네트워크 옮김
276쪽 | 값 14,000원

교육은 사회를 바꿀 수 있을까?
한국교육연구네트워크 번역 총서 02
마이클 애플 지음 | 강희룡·김선우·박원순·이형빈 옮김
352쪽 | 값 16,000원

**비판적 페다고지는
세상을 변화시킬 수 있는가?**
한국교육연구네트워크 번역 총서 03
Seewha Cho 지음 | 심성보·조시화 옮김 | 280쪽 | 값 14,000원

마이클 애플의 민주학교
한국교육연구네트워크 번역 총서 04
마이클 애플·제임스 빈 엮음 | 강희룡 옮김 | 276쪽 | 값 14,000원

미래교육의 열쇠, 창의적 문화교육
심광현·노명우·강정석 지음 | 368쪽 | 값 16,000원

대한민국 교사, 어떻게 가르칠 것인가?
윤성관 지음 | 320쪽 | 값 15,000원

아이들을 어떻게 가르칠 것인가
사토 마나부 지음 | 박찬영 옮김 | 232쪽 | 값 13,000원

아이들의 배움은 어떻게 깊어지는가
이시이 준지 지음 | 방지현·이창희 옮김 | 200쪽 | 값 11,000원

모두를 위한 국제이해교육
한국국제이해교육학회 지음 | 364쪽 | 값 16,000원
2015 세종도서 학술부문

경쟁을 넘어 발달 교육으로
현광일 지음 | 288쪽 | 값 14,000원

독일 교육, 왜 강한가?
박성희 지음 | 324쪽 | 값 15,000원

대한민국 교육혁명
교육혁명공동행동 연구위원회 지음 | 152쪽 | 값 5,000원

▶ 비고츠키 선집 시리즈
발달과 협력의 교육학 어떻게 읽을 것인가?

생각과 말
레프 세묘노비치 비고츠키 지음
배희철·김용호·D. 켈로그 옮김 | 690쪽 | 값 33,000원

도구와 기호
비고츠키·루리야 지음 | 비고츠키 연구회 옮김
336쪽 | 값 16,000원

어린이 자기행동숙달의 역사와 발달 I
L.S. 비고츠키 지음 | 비고츠키 연구회 옮김
564쪽 | 값 28,000원

어린이 자기행동숙달의 역사와 발달 II
L.S. 비고츠키 지음 | 비고츠키 연구회 옮김
552쪽 | 값 28,000원

어린이의 상상과 창조
L.S. 비고츠키 지음 | 비고츠키 연구회 옮김
280쪽 | 값 15,000원

성장과 분화
L.S. 비고츠키 지음 | 비고츠키 연구회 옮김
308쪽 | 값 15,000원

관계의 교육학, 비고츠키
진보교육연구소 비고츠키교육학실천연구모임 지음
300쪽 | 값 15,000원

비고츠키 생각과 말 쉽게 읽기
진보교육연구소 비고츠키교육학실천연구모임 지음
316쪽 | 값 15,000원

비고츠키와 인지 발달의 비밀
A.R. 루리야 지음 | 배희철 옮김 | 280쪽 | 값 15,000원

수업과 수업 사이
비고츠키 연구회 지음 | 196쪽 | 값 12,000원

▶ 평화샘 프로젝트 매뉴얼 시리즈
학교 폭력에 대한 근본적인 예방과 대책을 찾는다

학교 폭력 어떻게 만들어지는가
문재현 외 지음 | 300쪽 | 값 14,000원

학교 폭력, 멈춰!
문재현 외 지음 | 348쪽 | 값 15,000원

왕따, 이렇게 해결할 수 있다
문재현 외 지음 | 236쪽 | 값 12,000원

젊은 부모를 위한 백만 년의 육아 슬기
문재현 지음 | 248쪽 | 값 13,000원

아이들을 살리는 동네
문재현·신동명·김수동 지음 | 204쪽 | 값 10,000원

평화! 행복한 학교의 시작
문재현 외 지음 | 252쪽 | 값 12,000원

마을에 배움의 길이 있다
문재현 지음 | 208쪽 | 값 10,000원

▶ 창의적인 협력수업을 지향하는 삶이 있는 국어 교실
우리말 글을 배우며 세상을 배운다

중학교 국어 수업 어떻게 할 것인가?
김미경 지음 | 332쪽 | 값 15,000원

토론의 숲에서 나를 만나다
명혜정 엮음 | 312쪽 | 값 15,000원

토닥토닥 토론해요
명혜정·이명선·조선미 엮음 | 288쪽 | 값 15,000원

이야기 꽃 1
박용성 엮어 지음 | 276쪽 | 값 9,800원

이야기 꽃 2
박용성 엮어 지음 | 294쪽 | 값 13,000원

인문학의 숲을 거니는 토론 수업
순천국어교사모임 엮음 | 308쪽 | 값 15,000원

▶ **교과서 밖에서 만나는 역사 교실**
　상식이 통하는 살아 있는 역사를 만나다

 전봉준과 동학농민혁명
조광환 지음 | 336쪽 | 값 15,000원

 남도의 기억을 걷다
노성태 지음 | 344쪽 | 값 14,000원

 응답하라 한국사 1·2
김은석 지음 | 356쪽·368쪽 | 각권 값 15,000원

 즐거운 국사수업 32강
김남선 지음 | 280쪽 | 값 11,000원

 즐거운 세계사 수업
김은석 지음 | 328쪽 | 값 13,000원

 강화도의 기억을 걷다
최보길 지음 | 276쪽 | 값 14,000원

 광주의 기억을 걷다
노성태 지음 | 348쪽 | 값 15,000원

 교과서 밖에서 배우는 역사 공부
정은교 지음 | 292쪽 | 값 14,000원

 팔만대장경도 모르면 빨래판이다
전병철 지음 | 360쪽 | 값 16,000원

 빨래판도 잘 보면 팔만대장경이다
전병철 지음 | 360쪽 | 값 16,000원

 영화는 역사다
강성률 지음 | 288쪽 | 값 13,000원

 친일 영화의 해부학
강성률 지음 | 264쪽 | 값 15,000원

 한국 고대사의 비밀
김은석 지음 | 304쪽 | 값 13,000원

▶ **4·16, 질문이 있는 교실 마주이야기**
　통합수업으로 혁신교육과정을 재구성하다!

 통하는 공부
김태호·김형우·이경석·심우근·허진만 지음
324쪽 | 값 15,000원

 내일 수업 어떻게 하지?
아이함께 지음 | 300쪽 | 값 15,000원

 인간 회복의 교육
성래운 지음 | 260쪽 | 값 13,000원

 교과서 너머 교육과정 마주하기
이윤미 외 지음 | 368쪽 | 값 17,000원

 수업 고수들 수업·교육과정·평가를 말하다
박현숙 외 지음 | 368쪽 | 값 17,000원

 도덕 수업, 책으로 묻고 윤리로 답하다
울산도덕교사모임 지음 | 320쪽 | 값 15,000원

 체육 교사, 수업을 말하다
전용진 지음 | 300쪽 | 값 15,000원

 교실을 위한 프레이리
아이러 쇼어 엮음 | 사람대사람 옮김 | 412쪽 | 값 18,000원

 주제통합수업, 아이들을 수업의 주인공으로!
이윤미 외 지음 | 392쪽 | 값 17,000원

 수업과 교육의 지평을 확장하는 수업 비평
윤양수 지음 | 316쪽 | 값 15,000원
2014 문화체육관광부 우수교양도서

 교사, 선생이 되다
김태은 외 지음 | 260쪽 | 값 13,000원

 교사의 전문성, 어떻게 만들어지나
국제교원노조연맹 보고서 | 김석규 옮김
392쪽 | 값 17,000원

 수업의 정치
윤양수·원종희·장군 지음 | 280쪽 | 값 14,000원

 학교협동조합,
현장체험학습과 마을교육공동체를 잇다
주수원 외 지음 | 296쪽 | 값 15,000원

 거꾸로교실,
잠자는 아이들을 깨우는 수업의 비밀
이민경 지음 | 280쪽 | 값 14,000원

 교사는 무엇으로 사는가
정은균 지음 | 292쪽 | 값 15,000원

▶ 더불어 사는 정의로운 세상을 여는 인문사회과학
사람의 존엄과 평등의 가치를 배운다

밥상혁명
강양구·강이현 지음 | 298쪽 | 값 13,800원

도덕 교과서 무엇이 문제인가?
김대용 지음 | 272쪽 | 값 14,000원

자율주의와 진보교육
조엘 스프링 지음 | 심성보 옮김 | 320쪽 | 값 15,000원

민주화 이후의 공동체 교육
심성보 지음 | 392쪽 | 값 15,000원
2009 문화체육관광부 우수학술도서

갈등을 넘어 협력 사회로
이창언·오수길·유문종·신윤관 지음 | 280쪽 | 값 15,000원

동양사상과 마음교육
정재걸 외 지음 | 356쪽 | 값 16,000원
2015 세종도서 학술부문

교과서 밖에서 배우는 철학 공부
정은교 지음 | 280쪽 | 값 14,000원

교과서 밖에서 배우는 사회 공부
정은교 지음 | 304쪽 | 값 15,000원

좌우지간 인권이다
안경환 지음 | 288쪽 | 값 13,000원

민주 시민교육
심성보 지음 | 544쪽 | 값 25,000원

민주 시민을 위한 도덕교육
심성보 지음 | 500쪽 | 값 25,000원
2015 세종도서 학술부문

교과서 밖에서 배우는 인문학 공부
정은교 지음 | 280쪽 | 값 13,000원

오래된 미래교육
정재걸 지음 | 392쪽 | 값 18,000원

대한민국 의료혁명
전국보건의료산업노동조합 엮음 | 548쪽 | 값 25,000원

교과서 밖에서 배우는 고전 공부
정은교 지음 | 288쪽 | 값 14,000원

전체 안의 전체 사고 속의 사고
김우창의 인문학을 읽다
현광일 지음 | 320쪽 | 값 15,000원

▶ 살림터 참교육 문예 시리즈
영혼이 있는 삶을 가르치는 온 선생님을 만나다!

꽃보다 귀한 우리 아이는
조재도 지음 | 244쪽 | 값 12,000원

성깔 있는 나무들
최은숙 지음 | 244쪽 | 값 12,000원

아이들에게 세상을 배웠네
명혜정 지음 | 240쪽 | 값 12,000원

밥상에서 세상으로
김흥숙 지음 | 280쪽 | 값 13,000원

선생님이 먼저 때렸는데요
강병철 지음 | 248쪽 | 값 12,000원

서울 여자, 시골 선생님 되다
조경선 지음 | 252쪽 | 값 12,000원

행복한 창의 교육
최창의 지음 | 328쪽 | 값 15,000원

북유럽 교육 기행
정애경 외 14인 지음 | 288쪽 | 값 14,000원

▶ 남북이 하나 되는 두물머리 평화교육
분단 극복을 위한 치열한 배움과 실천을 만나다

 10년 후 통일
정동영·지승호 지음 | 328쪽 | 값 15,000원

 선생님, 통일이 뭐예요?
정경호 지음 | 252쪽 | 값 13,000원

 분단시대의 통일교육
성래운 지음 | 428쪽 | 값 18,000원

 김창환 교수의 DMZ 지리 이야기
김창환 지음 | 264쪽 | 값 15,000원

▶ 출간 예정

| 근간 | **걸림돌**
키르스텐 세룹-빌펠트 지음 | 문봉애 옮김

| 근간 | **미국의 진보주의 교육 운동사**
윌리엄 헤이스 지음 | 심성보 외 옮김

| 근간 | **조선근대교육의 사상과 운동**
윤건차 지음 | 이명실·심성보 옮김

| 근간 | **교사, 학교를 바꾸다**
정진화 지음

| 근간 | **핀란드 교육의 기적은 어떻게 만들어지나**
Hannele Niemi 외 지음 | 장수명 외 옮김

| 근간 | **민주주의와 교육**
Pilar Ocadiz, Pia Wong, Carlos Torres 지음 | 유성상 옮김

| 근간 | **조선족 근현대 교육사**
정미량 지음

| 근간 | **연령과 위기**
L.S. 비고츠키 지음 | 비고츠키연구회 옮김

| 근간 | **고쳐 쓴 갈래별 글쓰기 1**
(시·소설·수필·희곡 쓰기 문예 편)
박안수 지음(개정 증보판)

| 근간 | **경기의 기억을 걷다**
경기남부역사교사모임 지음

| 근간 | **마을교육공동체란 무엇인가**
서용선 외 지음

| 근간 | **고쳐 쓴 갈래별 글쓰기 2**
(논문·논설문·자기소개서·자서전·독서비평·
설명문·보고서 쓰기 등 실용 고교용)
박안수 지음(개정 증보판)

| 근간 | **존 듀이와 교육**
한국교육연구네트워크번역총서 05 | 짐 개리슨 외 지음

| 근간 | **왜 따뜻한 감성 수업인가**
조선미 지음

| 근간 | **어린이와 시 읽기**
오인태 지음

| 근간 | **함께 만들어가는 강명초 이야기**
이부영 외 지음